斎藤一人

お金と強運を引き寄せる最強の口ぐせ

宮本真由美

Miyamoto Mayumi

PHP

〝口ぐせ〟を変えれば、絶対に人生は変わります！

「ツイてない」「最悪」「どうせ私にはできない」なんていうマイナスの口ぐせが、ふとしたときにポロッと口から出ていませんか？

実は、普段何気なく使っているその〝口ぐせ〟で、あなたの人生が左右されるのです。なぜなら、口ぐせというのはその人が日ごろ何を思っているかがダイレクトに出るから。

口ぐせとは、習慣になっている
あなたの考え方の表れなのです。

たとえば、石につまずいたとき。「あ〜、ツイてないな」と言うザンネンな口ぐせの凶子《きょうこ》さん。彼女はツイてない不幸な人生をまっしぐらに歩むことになります。人にやさしくし、仕事もガンバっているのに、なぜか報《むく》われない。起こるのはツイてないことばかり……。

「なぜ、私はこんなにガンバっているのに神さまは味方してくれないの？」

それはね、**「ツイてない」という口ぐせが身についてしまっているから。**
たとえどんなにいいことが起きてもツイてないと考えて、自ら進んで不幸になっているのです。

反対に、同じように石につまずいても、「あ〜、ケガをしなくてよかった。私ってツイてる！」とプラスの口ぐせの吉子《きちこ》さん。
どんなことが起きても「ツイてる」という口ぐせが習慣になっている彼女は、どんな不幸なことが襲いかかろうとも無敵です。

石につまずいた瞬間、「そうだ！　転びにくい靴を開発したらどうかしら？　こんなステキなヒラメキをくださった神さま、本当にありがとうございます！」と、仕事のアイデアまでもヒラメキます。

そして、商品は飛ぶように売れ、社内で異例の大出世。お給料もジャンジャンバリバリ上がります。

さらにさらに、いつもプラスの口ぐせを言い、まわりを明るく照らす彼女を周囲の男性が放っておくはずがありませんからモテモテ。

神さまが味方についている彼女は、もうバラ色のしあわせ街道まっしぐらです。

でもね、信じられないかもしれませんが、本当は「ツイてない」が口ぐせの凶子さんのことも、神さまはいつでも味方をし、ご褒美のプレゼントを与えてくれているんですよ。

それなのに、「ツイてない」というマイナスの口ぐせがついてしまっているがゆえに、そのプレゼントを受け取れないでいるのです。ザンネン。

「こんなモノいらないわ！」と拒絶され、神さまは「なんで受け取ってくれんかの？」と悲しい気持ちを抱えながらも、決して凶子さんを見放すことなく、新たなチャンスのプレゼントを贈り続けてくれています。

ところが、かたくなに凶子さんは受け取らない……。しあわせになりたいと願いながらも、しあわせを拒絶し続けているのは、実は凶子さん自身なのです。

こんなふうに**起きたことはまったく同じなのに、自分がパッと口から出す口ぐせによって人生が天と地ほども大きく変わってしまう。**

口ぐせは、いわば車のハンドルのようなものです。

マイナスのほうにハンドルをきれば地獄に向かう。

プラスのほうにきれば天国に向かう。

普通のＯＬだった私は、『銀座まるかん』の創設者で、**生涯累計納税額日本一の斎藤一人さんから口ぐせの大切さを学び、実践したところ、お陰さまで京都府の長者番付に載るほどの億万長者になることができました。**口ぐせの大切さや素晴らしいパワーを身にしみて感じています。

人間って、言葉ひとつで人間関係や仕事がうまくいくこともあれば、反対にうまくいかないこともある。

たったひとつの口ぐせで、人生がまるで天国のようにしあわせになることもあれば、地獄のような苦しみを味わうこともあるのです。

近ごろはツイッターやインスタグラムなどを多くの人が利用し、ＳＮＳ社会と言われます。とはいえ、文章を書いて発信するということは、あなたが考えた言葉を発信しているのですから、言葉を口から発信するか、文字で発信するかだけの違いなんです。

この本を手にとってくださったあなたには、どんな口ぐせがありますか？

もしかしたら、自分の悪〜〜い口ぐせに、意外と気がついていないかもしれませんよ!?

この本を読んだ中から、ひとつでもいいので、あなたが言いやすいプラスの口ぐせをぜひ見つけてください。その言葉を、「こんにちは」というあいさつと同じくらいの感覚で言えるように、1日100回言ってみましょう。それを**10日、20日と続けているうちに口が慣れて、やがて〝口ぐせ〟になります。**

不思議なことにプラスの口ぐせに引っ張られて、気持ちまで明るくなります。すると、行動も前向きになるので、成功するチャンスがグングン広がります。そんなあなたのことを神さまはもっともっと味方してくれますよ。あなたはもう二度と不幸になんてなりません！

あなたにすべてのよきことが雪崩《なだれ》のごとく起きます。

宮本真由美

斎藤一人　お金と強運を引き寄せる最強の口ぐせ　目次

第1章　人生が思い通りになる「注文」の口ぐせ

第2章 チャンスがどんどん舞い込む「感謝」の口ぐせ

第3章 なりたい自分になる「演出」の口ぐせ

ドドド
ドドド

第4章

失敗もすべて成功に変わる「逆転」の口ぐせ

第5章

いいことばかりを引き寄せる「上気元」の口ぐせ

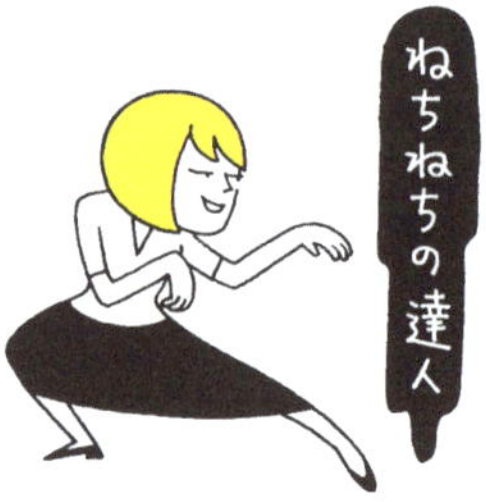

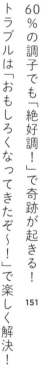

第6章

相手を惚れさせる「賞賛」の口ぐせ

第7章

お金がジャンジャン貯まる「宇宙貯金」の口ぐせ

おわりに

ブックデザイン●藤塚尚子＋市川さつき（ISSHIKI）
カバー・本文イラスト●高田真弓
編集協力●小林幸枝

第1章

人生が思い通りになる「注文」の口ぐせ

口から出す言葉はすべて〝神さまへのオーダー〟

あなたはレストランに行き、カレーが食べたいなと思っています。ところが、店員さんに注文をするとき、「オムライスお願いします」と言ってしまいました。しばらくすると店員さんはあなたのもとに、オムライスを運んできました。

「あ〜、オムライスかぁ。本当はカレーが食べたかったのにな、ザンネン……。私って、なんて不幸なんだろう。あ〜、カレーが食べたいよう」

これって、明らかに注文ミスですよね。それでは、どうすればカレーを食べられると思いますか？

はい、その通りです！「カレーをお願いします」と注文すればいいのです。世の中のたいていのことは決してムズカシくありません。とってもシンプルです。

口に出した言葉は、すべて叶います。

レストランで店員さんに注文するのと同じように、発した言葉はすべて神さまへの注文です。あなたも私も分けへだてなく公平に、生まれてからいままでず〜っと、神さまは注文をすべて叶えてくれているのです。

注意しなければいけないのは、**いいことも、悪いこともすべて叶っている**ということ。

願いが叶うと言うと、いいことの願いだけが叶っていると思っていませんか⁉　NO　NO　違いますよ‼（笑）悪いことも叶っちゃうんです。それは、どういうことかと言うと、み〜んな公平に、いい言葉を発すればいいことが起き、悪い言葉を発すれば悪いことが起きる。

当然、「楽しい」が口ぐせの人にはさらに楽しいことが起こり、「つまらない」が口ぐせの人にはさらにつまらないことが起こってしまうのです。

口から発する言葉はすべて叶ってしまうからこそ、無意識に出てしまう口ぐせには注意が必要なのです。悪い言葉はレストランでの注文ミスと一緒ですね。変なものを注文しないでくださいね（笑）。

言葉にニオイがないのは、神の愛!?

「いい言葉を発すればいいことが起き、悪い言葉を発すれば悪いことが起きる」と言われても、口ぐせは習慣になってしまっているので、自分ではなかなか気づきにくいものですよね。

そこで覚えておいてほしいのは、言葉には**「天国言葉」**と**「地獄言葉」**の2種類があるということです。

天国言葉を口ぐせにすれば、天国のようにしあわせなことを引き寄せて、天国のような人生になります。

反対に、地獄言葉が口ぐせの人は、地獄のような不幸を引き寄せて、地獄のような人生になってしまいます。この天国言葉と地獄言葉を、トイレなど目につきやすいところに貼っておくといいですよ。

そして、天国言葉を言う前に、大切なことがあります。それは何かと言うと、**地獄言葉をついつい言ってしまっている自分に気づくこと**です。

言葉にはニオイがありませんよね。だから自分が地獄言葉を吐いていることに気がつきにくいのです。

もし言葉にニオイがあったとしたら、すっごくわかりやすくていいですよね。きっと天国言葉はバラのようないい香りで、「しあわせだな」「愛してます」と天国言葉を言うたびにいい香りがして、人から好かれるし、自分もいい気分になります。

逆に、きっと地獄言葉はそうとう臭《くさ》くてイヤなニオイで、「ムカつく」「許せない」「大キライ」なんていう地獄言葉を吐き出すと、ウンチのようなニオイがプ～ンとして、まわりの人から「クサい！　クサい！」と嫌われる上に、自分も臭くてたまらなくイヤな気分になることでしょう（笑）。

地獄言葉がどのくらい威力があるかわかりやすく言うとですね、**ウンチ**を垂れ流したまま歩いている人がいたら、めちゃくちゃ迷惑ですよね!?（笑）それくらいみんなに不快感を与えるし、迷惑です。それにそんなことをして、平気でいたら、間違いなくまわりのみんなから嫌われます。汚いたとえで本当にごめんなさい！

でも、ホントにそうなんですよ!?（笑）

人間関係がうまくいかない原因は、たいていが言葉です。ということは、平気で人を傷つけるような口ぐせを言うのは、みんなが絶対にイヤがるようなウンチを垂れ流したまま平気でいるのと同じですよ。

だから、私はこう思うんです。

言葉にニオイをつけなかったのは**神さまの愛**だよな〜〜って（笑）。「ニオイをつけることは、カンベンしてあげるから、ちゃんと気づいて天国言葉を言うんだよ」っていう、神さまの愛だと思います。

地獄言葉を言っていることに気づけるだけで、百点満点！

ここに空気をいっぱい入れて膨《ふく》らませた風船があります。この風船に針をひと突きしたらどうなると思いますか？

パ〜ンと一気に破裂するか、空気が抜けます。しかも空気はものすごい勢いで抜けていきます。

実は、地獄言葉もそれと同じです。「一言くらいなら、いいよね？」、そんなこと思ってませんか!?　NO　NO　大間違いです（笑）。

あなたが風船だとします。天国言葉を言っていると、いいエネルギーがあなたに注がれて、どんどん風船が膨らんでいきます。

ところが、たった一言「もうイヤになっちゃう」と地獄言葉を言います。針で風船をチョンってひと刺しするとどうなりますか？

そうです、それと同じなんです。地獄言葉を言ったその瞬間に、せっかく一生懸命に膨らませた風船に穴があいて、いいエネルギーがバババババ～ッと抜けていってしまうのです。

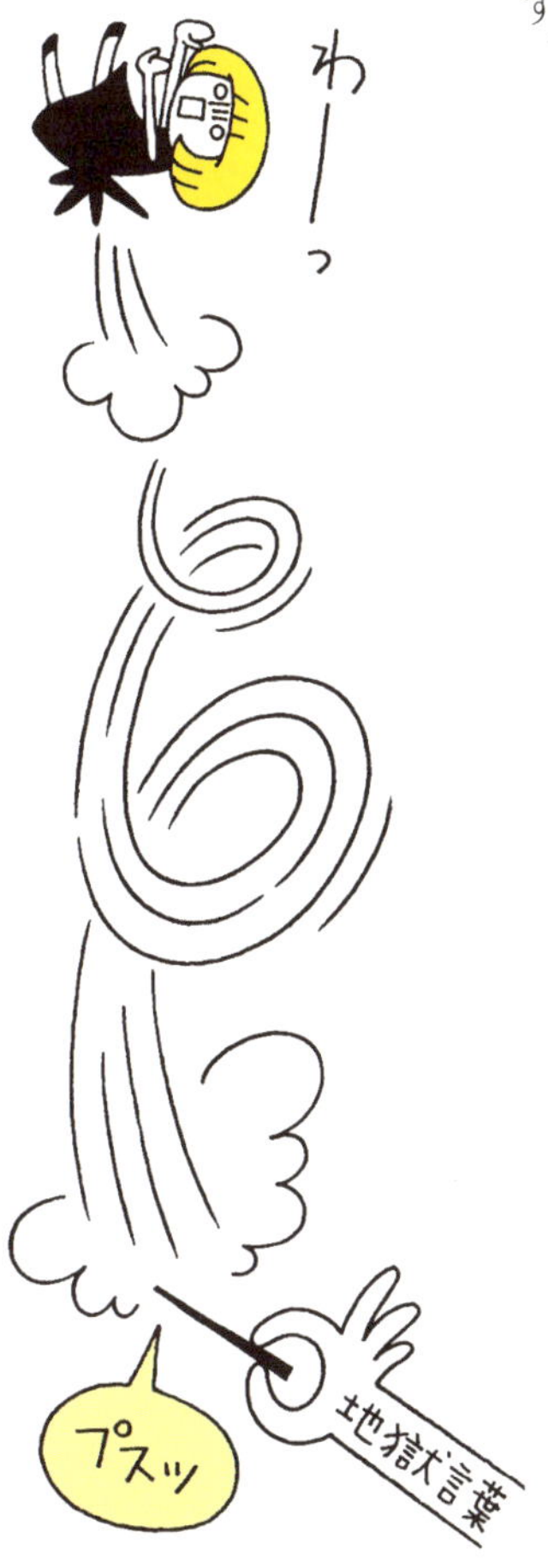

怖いですね〜〜〜〜（笑）。でも、大丈夫ですよ。そのときの対処法がちゃ〜〜んとあるんです!!

風船に穴があいたら、どうしますか？　そうです！　そのあいた穴に、パッと、テープを貼ってふさぐんです！！！

そのふさぐテープになるものは何か??

それが、天国言葉なのです。

地獄言葉を言っている自分に気づいたら、

「最悪〜。……じゃなくって、ツイてる！　ツイてる！」

とか、

「イヤになっちゃう。……じゃなくって、元気！　元気！」

でも、何でもいいので、すぐに天国言葉を言ってください。

これは、地獄言葉を言ってしまったときの、応急処置法です。

自分が気がついたときにやるようにしていると、10回が9回になり、5回になって、応急処置を繰り返していくうちにだんだんと減っていきますよ♪

だから、最初は地獄言葉を言ってしまっている自分に気づけただけで百点満点だと私は思います。「私ってエライね」とホメてあげてください。

そうやって習慣づけていくうちに、気づかずに垂れ流しにしていた地獄言葉を言わなくなり、やがて天国言葉が口ぐせになっていきますよ♪♪

願いが叶ったようにお願いすると、神さまも断りづらい!?

「私の願いはちっとも叶わない」と思っているあなた。その理由のひとつはね、お願いのしかたが間違っているからかもしれませんよ。

あなたは神さまにお願いごとをするとき、どんなふうに願っていますか？

「しあわせになれますように」「お金持ちになれますように」

というように、「○○になれますように」とお願いしていませんか？
その言葉の後ろには、「いま、私は不幸なんです」「いま、私はお金持ちではありません」という言葉が隠れています。すると、悲しいことに現在の「不幸」な状況が叶い続けてしまうのです。怖いですね（笑）。

お願いのしかたには、コツがあります。神さまのいる世界には、過去も、未来もなく、すべてが〝いま〟です。だから、**神さまに届いてほしい未来のことも、すでに手に入れているように言いましょう。**

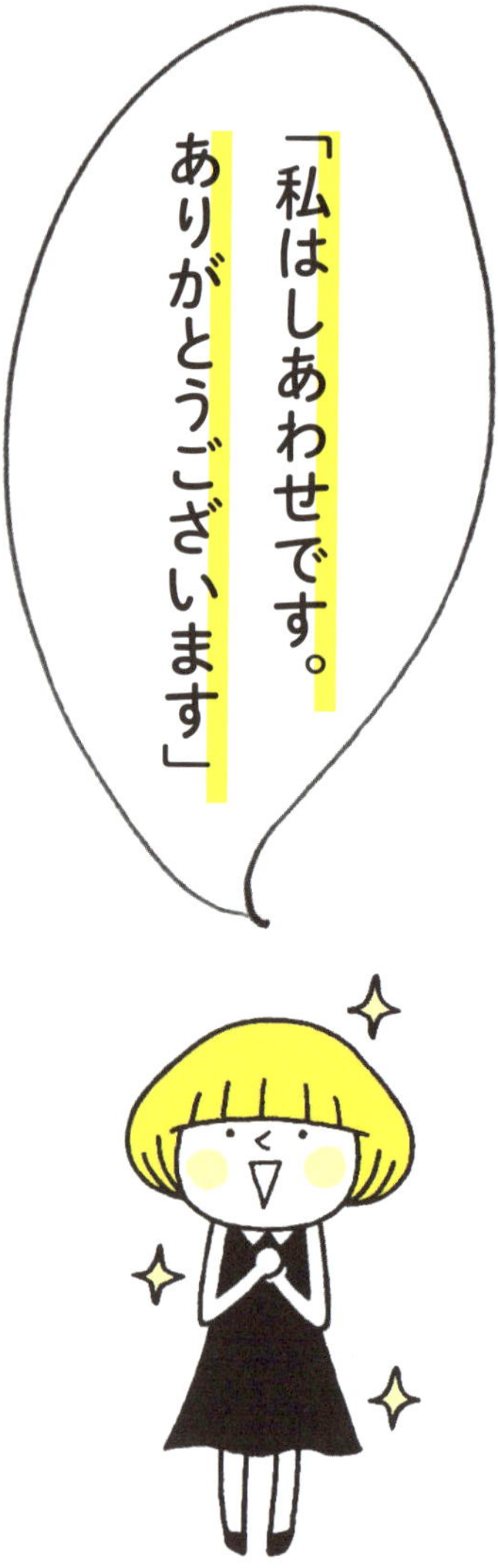

そう言うと、さらにいいことがあります。

「私はしあわせです」と言い切ると、**あなたの脳は「私のどんなところがしあわせなんだろう？」とグルグル考え始めます。**

すると、「住む家があってしあわせだな」「美味《おい》しいごはんが毎日食べられてしあわせだな」「仕事があってしあわせだな」と思って「私はしあわせなんだ」と脳が考えるようになると、次は「もっとしあわせになるにはどうしたらいいんだろう？」と働き出し、しあわせになるような行動をとり始めるのです。

そして、その時に必ず「ありがとうございます」とお礼もセットで伝えましょう。

なぜかって？？！！

だって、一緒にお礼まで言われたら、神さまも、断りづらいですよね（笑）。

「そうかい、しあわせなのかい。私もうれしいよ。そんなふうにお礼まで言われちゃったら、ホントはちょっと忙しいんだけど、優先して、しあわせを届けてあげなくっちゃな〜〜♡」。そうやって神さまはあなたのもとに、さらなるしあわせを届けてくれるのです。

これは、人にお願いをするときも同じですよ。

一人さんは人に何かを頼むとき、「これお願いできるかい？　ありがとう」「いつも助かってるよ、ありがとう」と必ず相手をホメ、お礼まで言ってくれます。

そんなふうに言ってくれる人のためなら、お手伝いしたいな、役に立ちたいな、ガンバりたいな、そんな気持ちになって、自然と動いちゃいますよね。一人さんって、本当に人の心をわかっている天才だなって、思います。

上司だから、先輩だから、子どもだからと、「これやっておけよ」というようばるような態度でいて、人から好かれることは、絶対にありません。

人間って、ホメたり、感謝してくれる人のためには期待に応えようとガンバりたくなる生き物。**「ありがとう」という感謝の言葉は、人を動かす極意**なのです。

〝神のヒラメキ〟に従えば、あなたの願いは叶う！

そもそも「自分の願いを言葉に出して言えないんです」という人が意外と多いことに私は驚いています。でも、よく考えてくださいね。

自分の人生思い通りにしたいと思ったら、自分ですら「何をしたいのか？」ということが不明確では、神さまにだってわかりませんよね。

タクシーに乗って、「どこか遠くまでお願いします」と伝えたら、運転手さんも「遠くってどこ？？？」と困ってしまいますよね。

「東京スカイツリーまでお願いします」というように、行きたい目的地を具体的に伝えれば、運転手さんは「はい、わかりました！」と最短ルートであなたを目的地まで間違えることなく連れて行ってくれるのです。

神さまが味方してくれるのもそれと同じです。あなたが**「どうなりたいか？」というゴールを具体的に思い描いて言葉にしてお伝えする**と、「あ〜、そこかい。オッケー、わかったよ」と神さまとつながれるのです。

すると、神さまは何をしてくれるのか!?

そうなんです。**〝ヒラメキ〟をあなたにプレゼントしてくれます。**

「あそこに行ってみよう」とか、「この本を読んでみよう」とか、ふとヒラメいたことをやってみる。すると、ステキな人に出会えたり、勉強になったり、自分の人生のヒントになるようなことが待ち構えていたりするのです。

私はこれを**〝神のヒラメキ〟**と呼んでいます。

まずは、あなたのゴールをワクワクしながら思い描いてみましょう。
たとえば、「すごくモテたい」と思ったとします。でも、いま1人も友だちがいないのだとしたら、まずは「1人友だちを作る」という小さなゴールを設定する。
1000段ある階段だって、1段ずつのぼっていくと知らないうちに「もう半分まで来てる」となりますよね。

そうやって神のヒラメキに従って、1段ずつ階段をのぼるように、1人友だちができたら、次は3人、次は10人、というようにしていく。そうすると、人間関係がうまくいくようになってモテ度もアップしていくのです。

あなたがこの本を手にとったのも、神のヒラメキ。もうあなたは願いを叶える階段をすでにのぼり始めているんですよ。

"神社エール"を送ろう！

一人さん仲間の間で絶賛大人気中なのが、**"神社エール"**です。飲み物のジンジャーエールではないですよ（笑）。

神社エールとは、神社に行ってお願いごとをするのではなく、いつもお世話になっている神さまを応援し、「いま私は本当にしあわせです」「神さまに私のしあわせとエネルギーをお届けします」という**感謝と愛情を届けに神社に行く**ことです。

神社に行って、エールを送るから〝神社エール〟です。


あるとき、私は一人さんに尋ねました。

「一人さんって、神社でどんなお願いをしているの？」

すると、一人さんはただニコニコやさしい顔で笑っています。

しばらくすると、一人さんはこんなことを教えてくれました。

「神さまってさ、いつもオレたち人間からお願いばっかりされてるだろう？

だから、オレは**神さまが元気になるようにいいエネルギーを届けているる**んだよ」


それを聞いて、私は目からウロコがボロボロ1000枚落ちるくらい、驚きました。やっぱり生涯累計納税額日本一になるくらい神さまから味方されている一人さんは、きちんと味方されちゃうようなことをしているんだなと感動してしまいました。

神さまは日々、いろんなことをたくさんの人からお願いされています。

「お金持ちになりたい」「大学に受かりますように」「彼氏がほしい」「結婚したい」「しあわせになりたい」「子どもが授《さず》かりますように」……たくさんの人が神社にお願いしにやって来ます。

初詣のときなんてもう大行列ができちゃうくらい、人が押し寄せますから、神さまはみんなのお願いを聞くだけでもうヘトヘトです（神さまは疲れないので、あくまでも私の中のイメージですよ　笑）。

みんなが「アレがほしい」「コレがほしい」とお願いする中で、「神さま、私とってもしあわせです。ありがとうございます」「神さまに私のしあわせとエネルギーをお届けに来ました」と言う人がい

たら、まるでカラッカラに干上がっている砂漠の中で、「お水をどうぞ」ともてなされたくらい感激するはずです（笑）。

そんなやさしい心を持っている人には、神さまもジャンジャン味方したいと思うのは当然のことですよね。

この本を読んでくださっているあなたも、「しあわせだな、神さまありがとう」「今日も楽しかったな、神さまありがとう」「神さまに私のしあわせとエネルギーをお届けします」という感謝の言葉を言ってみてください。

きっと、想像をはるかに超えるようなものすごい奇跡が起こると私は信じています。

願いが叶う〝お陰さまポイント〟を貯めよう！

「それほど実力があるわけではないのに、なぜこの人は成功しているんだろう？」と思う人、あなたのまわりにいませんか？

その人はきっと**〝お陰さまポイント〟**を貯めているんだと思います。

お陰さまポイントって何かって言うとね、陰で徳を積むこと。人に知られずに密《ひそ》かにするいい行いだから、ちょっとムズカシく言うと**「陰徳《いんとく》」**です。

陰で徳を積むことは、買い物をしたときにもらえるポイントと一緒です。**貯まると、そのポイントに応じて、何かステキなプレゼントと交換してもらえる**んです。だから、お陰さまポイントがいっぱい貯まっていると、いいことがどんどん、どんどん起きて、自然と守られ、なぜかうまくいく。

こんなことってありませんか？　何か大変な問題があったり、とっても悪いことやイヤなことが起きても、「あのことがあったお陰で、いまの自分があるんだ」と言える人と、「あのことのせいで、こんなふうになってしまった」と言う人と、2種類の人がいます。

その差が、〝陰徳〟なんです。陰徳を積んでいる人ほど、ポイントが貯まっているから、**人から見たら、すごく大変に見える問題でも、それさえもさらなるよいことに変えられる**のです。

一人さんは言います。

「仕事というものを何かのテクニックだと思って、外国の経営とかを研究してもうまくいかないいんだよ。

自分もそんなことやったことはない。それよりも、どうしたらみんなが喜べるものを作れるか考える。

テクニックよりも、徳をいっぱい積むことを考えたほうが、絶対に人はしあわせになれるし成功できるんだよ」

いい口ぐせも、陰徳のひとつだと私は心から思っています。誰かが聞いていても、誰も聞いていなくても、神さまが味方をしてくれるようないい言葉を言う。誰も聞いていなくたって、自分と神さまは絶対に聞いています。

「しあわせだな」「楽しいな」「うれしいな」という天国言葉はもちろん、神社エールもお陰さまポイントがジャンジャン貯まりますよ！

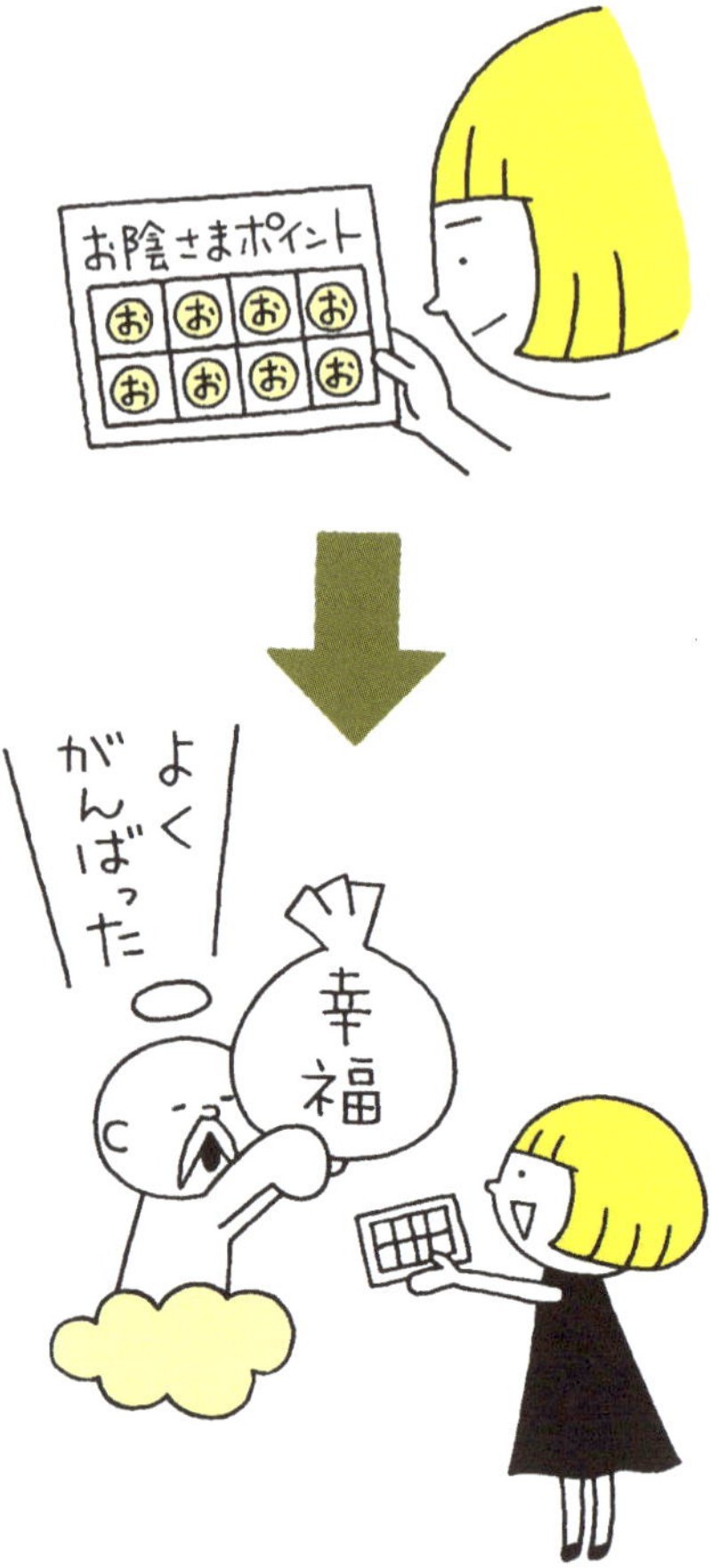

神さまが味方してくれる人とは？

「神さまが味方してくれる人」って、どんな人だと思いますか？

一人さんはとびきりの笑顔で私にこんなことを教えてくれました。

「この世の中にあるすべてのものって、神さまが創ったんだよ。石も、虫も、動物も、人間も、ダイヤも、太陽も、宇宙も、どんなものでも創れるすごい存在なんだ。だからさ、神さまからしたら人間のお願いごとなんて、すっごく小さいことなんだよ。

たとえば、まゆみちゃんひとりを億万長者にすることなんて、神さまにとっては、ものすごくカンタンなことなんだよ。

それにはどうしたらいいと思うかい？

そう、神さまに味方してもらえばいいんだよな。神さまに味方してもらえる人ってどんな人だろう？

すごくカンタンだよ。神さまのお手伝いをする人だよ。

それは何かと言うと、神さまがこの地球上にいたら何をしたいかを考えてやればいいんだよ。**誰に対しても親切で、やさしくして、愛情を注ぐ。まわりの人が明るくなるような笑顔で言葉を話す。そして、自分を大切にする。**

まゆみちゃん、神さまのお手伝いをするんだよ。神さまに味方してもらったら、まゆみちゃんの願いごとなんて、神さまがちょちょちょちょいって叶えてくれるよ」

神さまといっても、宗教などとはまったく関係ありません。私たち人間は、神さまの分け御霊《みたま》をいただいています。つまり、神さまにとっては目に入れても痛くないくらい、愛《いと》おしい子どもみたいなものです。

だから、あなたが自分を大切にし、しあわせでいることがとてもうれしいのです。電話の親機が神さまで、私たちは子機みたいな関係でつながっていると考えるとわかりやすいかもしれないですね。

神さまには肉体がありませんから、私たちが暮らす地球上に降りてくることはできません。でも、もし、神さまが地上に降りてきたら、どんなことをするかな？　考えてみてください。

神さまが他人に意地悪をしますか？

もちろん、意地悪なんてしないですよね。人にやさしくしたり、元気になるように励ましたり、いいと思うことはすべてやってあげるのが神さまだと思います。

そんな神さまが本当は私たち人間にしてあげたいお手伝いをあなたがしたら、神さまはとても喜びますよね。そして、お手伝いをするあなたに、何か喜ぶことをしてあげたい、いつでも味方してあげたいと思うはずです。

その**神さまが喜ぶお手伝いの手段が、あなたが口に出す言葉、つまり〝口ぐせ〟な**のです。

口ぐせには、一銭もお金がかかりません。それにもかかわらず、効果絶大です。たった一言、天国言葉を発するだけで、自分も周囲の人も明るく元気にすることができる、最高の神さまのお手伝いなんですよ。

第1章まとめ

◎いいことも悪いことも、口に出した言葉はすべて叶う

◎「私はしあわせです。ありがとうございます」
願いはすでに手に入れているように言う

◎願いのゴールを思い描いて言葉にすれば、
〝神のヒラメキ〟がおとずれる

◎〝お陰さまポイント〟＝「陰徳」を貯めれば、
しあわせに変換できる

第2章

チャンスがどんどん舞い込む「感謝」の口ぐせ

奇跡を起こす魔法の言葉！「感謝してます」

「感謝してます」

『銀座まるかん』創設以来、私の「オフィスまゆみ」でもこの「感謝してます」という言葉が、電話に出るときも、会ったときにも交わすあいさつ言葉になっています。ず～っと言い続けていますから、もうすっかり当たり前に出る口ぐせになっています。

一人さんは、「感謝してます」という言葉のスゴさについて、こんなふうに教えてくれました。

『感謝してます』は、『ありがとう』よりも上の最高の言葉なんだよ。

人ってさ、言葉の持っているすごいパワーを、みくびってるんだよ。だから平気で、グチや泣きごと、悪口や心配ごと、イヤな言葉を言っちゃう人がまだまだいるんだよね。それってさ、本当は変えたほうがいいよね。

人生ってさ、その人の話す言葉そのものなんだよ。言葉からまゆみちゃんの人生が生まれるんだよ。自分の運命だったり、環境だったり、境遇だったり。

人間関係も、お金のことも、過去も未来も、そしていまも、黒いオセロのコマみたいにどんなイヤなことも、クルッといともカンタンに真っ白なオセロのコマみたいにいいことに変えられるのが、言葉なんだよ。

オレは生まれてこのかた、困ったことが一度もないんだよ。

それはね、『感謝してます』という言葉を大切にしているお陰なんだよ。これは、信じて言った人に、奇跡を起こす言葉なんだ。まゆみちゃんも、やってみるかい？」

もちろん、私はこれ以上振れないっていうほど、頭を縦に振ってうなずきました。

だって、言葉を言うだけなら、いますぐにできるし、タダでできますから！（笑）

一人さんから教わった「感謝してます」を教えてもらってから、私はずっとこの言葉をただずっとずっと言い続けていました。そうすることで、**もともと保険会社で普通のOLとして働いていた私が、億万長者の仲間入りをするということが現実になったのです。**

「感謝してます」は、奇跡を起こしてくれる魔法の口ぐせだということを私は身をもって体験したのです。

何をやってもトントン拍子にうまくいく人と、反対に何をやってもうまくいかない人との最大の違いは、〝感謝〟です。

「いいことがあったから感謝する」のは、普通の人。

普通の人は、「イイこと」が起きたときにしか感謝できない。だから、感謝がとっても少なくなってしまうのです。

それよりも、**「イヤなこと」にも感謝する**。

人に騙されたとき、恨んで泣きごとを言っても、過ぎたことは変わりません。だとしたら、「騙されたことで、ああいう人も世の中にいるんだってことがわかった。もう次は騙されないぞ!!」と、プラスのほうにハンドルをきってイヤなことにも感謝する。

そうすると、間違いなく次からは二度と騙されない！

そうやって感謝の多い人は、ちゃ〜んと学ぶから、何でも物事をどんどんいいほうに吸収するし、何でもトントン拍子に進み、必ず成功します。

感謝の足りない人は、「騙したアイツが悪い」「学歴がないのは親が悪い」「仕事で認められないのは上司が悪い」なんて、泣きごと、恨みごと、妬みばかり、ず〜っと言っているから、いつまでたっても学ばない。まるで、地獄言葉の底なし沼にはまった住人のようです（笑）。

マイナスのほうにハンドルをきって何でも人のせいにしているから、あっちにつまずき、こっちにつまずき、何をやってもうまくいかないのです。

何か起きたときは、そこでしっかりプラスのほうにハンドルをきって、**「騙されるスキがあった私が悪かった」「責任は１００％自分にあるんだ」「騙したアイツにいまでは感謝してる」と言えたとき、人生がうまくいき始める**のです。

いいことにも、イヤなことにも感謝できる人は、人生、ぜ〜んぶうまくいきます。

親にも、兄弟姉妹にも、友だちにも、近所の人にも、同僚や上司にも、神さまにも、感謝することです。

そして、最も忘れてはいけないのが、自分のために一番ガンバってくれている**自分にも感謝する**ことです。

感謝する人には、必ず味方してくれる人が現れます。だから、いいことにも、悪いことにも両方に感謝するのです。そして、人にも自分にも感謝するんです。

どんな人、どんなことにも感謝するのが、最高の到達点。

感謝までできる人が少ないから、世の中には本当に成功している人が少ないのだと思います。私も、まだまだ最高の到達点にまでは行っていないけれど、そこを目指してガンバっています。

あなたもいまから、「感謝してます」という口ぐせで、チャンスをどんどんあなたのもとに引き寄せてください！　そして、奇跡のように素晴らしい人生をスタートさせましょう！！！

「この人にすべてのよきことが雪崩のごとく起きます」

一人さんに出会って間もないころ、こんなステキな言葉を教えてもらいました。

「今日から出会う人、道ですれ違う人、すべての人に、

“この人にすべてのよきことが雪崩のごとく起きます”

という言葉を、心の中でいいからつぶやいてごらん。1日100人、それを1000日修行してごらん」

「いいことを聞いたらすぐ実行」ですから、早速私は出会った人に「この人にすべてのよきことが雪崩のごとく起きます」とつぶやき始めました。

でも、大スキな人にはカンタンに言えるのですが、自分の苦手な人、イヤなことをする人に対しては、なかなか素直にこの言葉を言う気になれませんでした。

そんなときはどうしていたかというと、この人の**魂は本当はいい人**だか**らと自分に納得させる**のです（笑）。

「この人の魂に申し上げます。この人にすべてのよきことが雪崩のごとく起きます」

そうすると、不思議なことに、自分がその人のことをそんなにキライじゃなくなったり、相手もイヤなことをしなくなったりという変化が表れ始めました。

なに？
チッ

さらに不思議なことに、言い続けているととても楽しくて、やさしい気持ちになり、感謝の気持ちが心からあふれ出すのです。人のしあわせを願っていると、なぜか自分が一番しあわせになっていました。

1000日終えたとき、一人さんは私に言いました。

「まゆみちゃん、いい顔になったなぁ。とても豊かな福相になっているよ。あのね、**人のしあわせを願うと、顔にもその気持ちが表れるんだよ。**もうまゆみちゃんは二度と不幸になれないよ（笑）」

この言葉は、心の中でつぶやくだけでもかまいません。1日に100人ってけっこう大変そうに思いませんか？　大丈夫です！

たとえば、信号待ちをしているときや、電車に乗っているときに、「ここにいるすべての人にすべてのよきことが雪崩のごとく起きます」とつぶやいて、一気にカウントを増やしてもいいんです。

いっぺんにそこにいる人のしあわせを願っちゃう、スケールのデカい自分に酔いしれてください（笑）。

田舎に住んでいるから1日に100人も会えない、という人は5人でも10人でもいいのです。1日外に出かけない日は、テレビに映っている人に向かって言ってもいいですよ。ぜひ、楽しいゲームだと思ってやってくださいね。

「この本を読んでくださるあなたにすべてのよきことが雪崩のごとく起きます」

さらなる感謝したくなることが返ってくる〝やまびこ現象〟

「口に出した言葉は、いいことも悪いこともすべて叶う」というお話を第１章でしましたよね。実はより詳しくお話しすると、ただ返ってくるのではなくて、**口に出したことは何倍にもなって返ってくる**のです。

山にのぼって、「ヤッホー」と叫ぶと、反響して「ヤッホー」が何度も繰り返し返ってきますよね。あれと同じです。だから、**〝やまびこ現象〟**と呼んでいます。

「感謝してます」と口に出すと、感謝したくなることがただ返ってくるだけではなくて、もっと感謝したくなっちゃうような、とんでもなくステキなことになって返ってくるのです。

ココで、ひとつご用心！

この〝やまびこ現象〟、気をつけなければいけないのは、いいことだけではなくて、悪いことも何度も返ってくるということです。

「ムカつく」と言うと、もっと「ムカつく」と思うようなことが何度も返ってきてしまいます。日本では昔から、「泣きっ面《つら》にハチ」とか、「弱り目に祟《たた》り目」ということわざがありますが、悪い方向に向かっても加速するのです。

たとえば、電車で足を踏まれて「ムカつく！」と言ったら、電車を降りた後、歩きスマホをしながら歩いてきた人のスーツケースに足を轢《ひ》かれて骨折して、病院に行ったらお休み!!（笑）　そんな不幸のダブルパンチ、トリプルパンチのような出来事が起こってしまうのです（笑）。

言葉のパワーは絶大です。やまびこ現象を上手に使って、不幸の連鎖を断ち切り、さらなる感謝を呼び込みましょうね！

幸運のスパイラルで、「私にはいいことしか起こらない！」

「何かいいことないかな」

会うたびにこんな口ぐせを言っている人を、あなたはどう思いますか？

何だか、いかにもしあわせから縁遠そうな口ぐせですよね……（笑）。

「何かいいことないかな」を、**「私にはいいことしか起こらない」**

と言い換えてみてください。

すると脳は、「今日はどんないいことがあったかな？」と、1日を振り返り出します。「同僚にコーヒーを差し入れしてもらって、うれしかった」「久しぶりに友だちとランチができて楽しかった」「ステキなワンピースをセールで買えた」というように、グルグルといいことを考え出すのです。

すると、すでに起きている感謝することがたくさん見つかりますよね。**感謝すると、また感謝したくなるという幸運のスパイラルが起こる**のです。

たとえば、恋人がほしいと思っている人も、同じですよ。

「誰かいい人いない？」とまわりの人に言っていませんか？

そんなしあわせから縁遠そうな口ぐせの人に、いい人を紹介してくれる人はいません。だって、言い方が悪いですけれど、そんな、まるで貧乏神のような人を、自分の友だちに紹介したりしないですよね⁉（笑）

それよりも、**「私のまわりにはいい人しかいない」**と言い換えましょう。脳はあなたの人生を振り返り出します。

「信頼できるいい友だちに恵まれてしあわせだな」「励ましあえる同僚がいてよかったな」「厳しいけれど、育ててくれる上司に恵まれているな」そうやって、まわりの人に感謝して接していれば好かれるし、いい出会いのチャンスもグングン広がっていきますよ。

感謝の言葉は〝タイムリーに〟言えることが大切

日本では昔から、言わなくても察することを美徳とする文化が根付いている気がします。たとえば、夫婦や家族など身近な人ほど照れくささも相まってか、「言わなくてもわかるよね」と、感謝を伝えることをおろそかにしてしまっている人が多いように思うんです。

でもね、**感謝はその場でタイムリーに言うことが一番大切なんです。**

前を行く人にドアを開けてもらったとき、タクシーの運転手さんにやさしい言葉をかけてもらったとき、奥さんにお弁当を作ってもらったとき、だんなさんがお花をプレゼントしてくれたとき、子どもがお手伝いをしてくれたとき。

そんなとき、どんなに心の中で感謝をしていても（陰徳にはなりますが）、口に出して相手に伝わらなければダメなんです。

恥ずかしいな、照れくさいなという気持ちもよ〜くわかります。だけど、この本を読んで口ぐせを磨くのなら、その場でタイムリーに感謝の言葉が出ることをぜひ心がけてくださいね。

あなたは相手に面と向かって感謝の気持ちを伝えていますか？

第２章まとめ

◎何をやってもうまくいく人といかない人の差は〝感謝〟。「イヤなこと」にも「自分」にも感謝する

◎「この人にすべてのよきことが雪崩のごとく起きます」人のしあわせを願っていると、自分もしあわせになれる

◎「何かいいことないかな」→「私にはいいことしか起こらない」で幸運のスパイラルがおとずれる

◎感謝の言葉は、その場で直接伝えると最大限の効果を発揮する

第3章

なりたい自分になる「演出」の口ぐせ

〝ホメ言葉〟でオーラがどんどん大きくなる！

「オーラの大きな人になりたい」と、憧れる人も多いのではないでしょうか？　そもそも、オーラっていったい何でしょう？

オーラってね、〝エネルギーのあふれ出たもの〟なんですよ。

エネルギーは、車を走らせるガソリンみたいなものです。基本的にはどんな人もオーラを持っているのですが、エネルギーがカスカスではオーラを感じられません。反対に、エネルギーが多くて体からあふれ出ている人は、オーラが大きいと感じるのです。

よく格闘ゲームでは、エネルギーメーターが表示され敵から攻撃されるとメーターが減っていきますよね。そんなふうにエネルギーが誰からも見えるようになっていればわかりやすいのですが、人間にはエネルギーメーターがついていませんから、自分のいまのエネルギー状態がわかりにくいのです。

なんとなく気分が乗らないとか、自信が持てないというときは、エネルギーメーターが限りなくゼロに近くなっています。すると、口から出てくる言葉も、「どうせ私なんて……」「私は所詮、○○だから……」と自分に悪態をついたり、元気のなくなるようなことを言ったりしてしまいがちです。

では、どうすればエネルギーを満たし、オーラを大きくすることができるのでしょうか⁉　知りたいですよね〜⁉　お教えしますね‼

お腹がすいたとき、あなたはどうしますか？　ごはんを食べて空腹を満たしますよね。同じように、**エネルギーを満たしてくれるのが、〝ホメ言葉〟です。**

たとえば、あなたがちょっぴり落ち込んで元気のないとき、「今日、とってもキレイですね！」と人からホメられたら、どうでしょう。なんだか急に元気になってしまって、いままで暗～い気分でいたことさえすっかり忘れてしまいますよね（笑）。ホメ言葉にはエネルギーの注入力がものすごくあるんです。

でも、人からホメられるのを待っていたら、いつになるかわからないですよね。ずーっとエネルギーをもらえないまま、ダウンしてしまうかもしれません。ヘタしたら、一生待ち続けて終わってしまうかもしれません（笑）。

そんなふうに、誰かにホメてもらうのをあてにするよりも、**自分でホメ言葉を口ぐせにして、絶妙なタイミングでエネルギーをチャージしたほうが確実**ですよね。だから、**自分のことをホメて、ホメて、ホメまくりましょう！**

「朝早く起きる私ってエライ！」
「今日のファッションもステキ」
「毎日休まず会社に行ってる私ってすごい！」

「頼まれた資料を約束の時間より早く用意できた私って天才！」

本当にちょっとしたことでいいから、徹底的に自分をホメて、ホメまくる。第1章でご紹介した、神さまに〝神社エール〟を送るみたいに、自分を応援するのです。**自分にホメ言葉を言うと、エネルギーメーターがどんどん満たされていきます。**すると自分のことがスキになり、自信がどんどんみなぎって、オーラも大きくなります。オーラの大きな人は人を惹《ひ》きつけ、幸運も引き寄せるから、人生がうまくいくのです。

反対に性格もよく、実力もあるのにいまいち評価されない人、人生がうまくいかない人は、自分のことをあまりホメません。自分のいいところよりも、欠点や足りないところにばかり目を向けているので常にエネルギー不足になってしまいます。

すると実際の自分よりも、実力を発揮できないのです。これをちょっとムズカシイ言葉で、**『自己重要感』**といいます。

誰でも、これがなければ生きていけないくらい「自分は価値のある人間なんだ」「自分は必要な人間なんだ」という気持ちを渇望しています。これが足りないと死んでしまうほど、渇望しています。

この自己重要感が満たされていないと、どうなるか!?

人から常にホメられたいとか、自分より弱い立場の人にいばったり、怒鳴ったり。相手から同情されるようなグチや泣きごとを言ったり行動をしたり、あげくに病気になったりする人までいます。つまり、「ちょうだい、ちょうだい」と人からエネルギーを奪って自己重要感を満たそうとするのです。

はっきり言うと、人にいちいちかまってもらわないと生きていけない、いわゆる「かまってちゃん」＝ちょっと面倒くさい人になっちゃいます。そんなふうに思われたら、人生、めちゃくちゃ損ですよね!?

でも、自己重要感は心の中に存在するものですから、本当は自分にしか満たすことができません。だから、自分のことを嫌っていたり、ホメたりできない人は、自己重要感を満たすことができないのです。

いつでも自分をホメる口ぐせでエネルギーをチャージして、オーラを大きくする。これが人生をうまくいかせる最大の秘訣なんですよ。

強気な口ぐせは弱気を消す消しゴム！

圧倒的なプレーと強気な発言でサッカー界をリードする本田圭佑《けいすけ》選手。テレビで放映されていたのですが、いつでも強気に見える彼の口ぐせのひとつが、**「オレならできる！」**だそうです。

たとえば、W杯出場をかけ、何万人もの観客が見守る中でのPK戦。たいていの人はそんな大役を任されることになってしまったら、足が震えるどころか、プレッシャーに押しつぶされて一目散に逃げ出したくなってしまうと思います。

本田選手のように人一倍練習を重ねているすごい人でさえ、「シュートを外してしまったらどうしよう」「いつまでプロとして続けられるのかな」というような不安がふと頭に浮かぶこともあるはずです。そんなとき、「オレにはムリだ」なんて弱気な口ぐせが出てしまったら、どうでしょうか!? きっとボールを蹴る力も弱まってしまうんじゃないでしょうか。

弱気になってしまいそうなときこそ、「オレならできる!」という口ぐせが、自分の不安を消し去る消しゴムのようになってくれるのです。それが、逆に自分を励ましてくれる最高の特効薬なんです。

口ぐせは、苦しいときに自分を支え、自分を信じる力になります。誰しもいいときばかりではありません。だって、そもそも、いろいろあるのが人生ですから！
うまくいかないとき、体調が悪いとき、将来に不安を感じるときなどは、ふと弱気になってしまいますよね。

でも、そんなときこそあなたが自分の応援団になってあげてください。「私ならできる！」という強気な口ぐせが、あなたを応援し、強気に見えるあなたを演出してくれます。さらにより簡単なおすすめの口ぐせは「強気！　強気！　強気！」です。浮かんでくる弱気な気持ちがふきとびますよ。そんな自信に満ちあふれたあなたにたくさんの強運が引き寄せられてきますよ!!

年齢だって、口ぐせ次第！究極の若返り術

「私はオバちゃんだからダメよ」

「私はもうアラフォーだから」

「四捨五入すると、もう60歳だから」

しかも、自分にとって都合のイイときだけ、「もう歳だから……」という言い訳を口ぐせにしていませんか？　それ、いけませんよ（笑）。

〝口ぐせ〟を一番近くで聞いているのは、他でもないあなた自身です。

口ぐせを聞いた脳は、体の中にある約60兆もの細胞たちに指令を出します。

すると、「私はもう歳なんだ」「オバちゃんなんだ」「アラフォーなんだ」という口ぐせに細胞たちは反応して、お肌や髪の毛など体の老化がどんどん加速してしまうんですよ。怖いですね（笑）。

私の師匠である一人さんは、お肌はツヤツヤ、髪の毛は染めていないのに黒々しているし、初めて出会ったころとちっとも変わりません。いや、むしろ年々カッコよく若返っています。不思議に思った私がその秘訣を尋ねると、一人さんはとってもうれしそうに笑って教えてくれました。

「いいかい、まゆみちゃん。**自分の年齢は、自分で決めるんだよ。**

『私は20歳だ！』って、脳に言うの。

本当は40歳でも、『私は20歳だ！』と言っていると、『そうか、私は40歳かと思ってたけど、20歳だったんだ』と体は思うんだよ。すると脳から、20歳にふさわしい体になるよう指令が出る。細胞たちがガンバり出すから、どんどん若返っていくんだ。だから、口に出す言葉って、すごく大事なんだよ」

一人さん流の歳をとらない秘訣は、自分で自分の年齢を決めてそれを口ぐせにして脳を味方につけることだったのです。

私は早速、「私は18歳！」と決めて、口ぐせにしました。言い続けていると、驚くほど肌もピチピチ、髪の毛もツヤツヤ、心もウキウキして若返っていくんです。これは、効果絶大です。どんなに高級なアンチエイジング法よりも、効果てきめんです。

さすがは一人さんですよね！

ちなみに、一人さんは「27歳だ！」と決めているそうですよ。

大事なのは年齢よりも見た目です。あなたは自分の年齢を何歳に決めますか？

「どうせ○○だから」と、本当のことを言ってはダメですよ

あるとき、一人さんのところに相談に来た男性がこんなことを言い始めました。

「どうせうちの実家は貧乏だから……」

すると、一人さんはニッコリ笑ってこう言いました。

「あのさ、**本当のこと言ってどうするんだい？ 実家が貧乏なことは、自分が一番よく知っているよな。これまで人から言われてイヤな思いも散々したんだよな。**

その自分が損になるようなことを、なぜ、あえて自分の口から言うんだい。どうせなら、『実家が貧乏だったお陰で、お金を使わないでも楽しめるアイデアをいっぱい持っているんだ』とかって、もっと景気のいいことを言うんだよ。わかったかい？」

それを聞いて、私は本当にそうだなと思いました。「どうせ私は昔いじめられていたから」「どうせ私は一流大学を出ていないから」なんて、本当のことを言っても、自分で自分の首を絞めるようなものですよね。

一人さんは常々こんなふうに言っています。

「オレは中学校しか出てないけれども、高校へ行く3年間分、大学の4年間分を合わせて、7年も早く社会に出ることができたんだよ」

それが逆だったらどうでしょう？　と〜っても想像しがたいですけれど、もし一人さんが「オレは中学しか出てないから……」という口ぐせだったら、どうでしょう？ それって、もはや一人さんじゃありませんよね（笑）。わかりますか？

一人さんは中学を出て、すぐに働ける自分を、人よりも優位だと思っていたし、それを口に出して言っていたんです。

だから、みんなが大学に行くころには大金持ちになって、外車に乗るほど成功していました。そして、いまや誰もが知る、押しも押されもせぬ日本一の大実業家であり、生涯累計納税額日本一のお金持ちの斎藤一人さんなんです!!

自分が損になるような本当のことはあえて言う必要なんてないんですよ（笑）。

「どうせ人見知りだから……」と尻込みしているよりも、「私は人に対してグイグイいけるタイプじゃないから」とかって、ちょっと笑えるように言ってみてください。

あなたのことを人見知りする人なんだなという目で見ていたまわりの人は、グイグイいかないタイプなんて言われたら、逆に、意外とおもしろい人だなと思うはずです。

「どうせ私は◯◯だから」なんて、はるか昔のことをほじくり返して、いつまでも言っている人に、私は「Ｙｏｕ、記憶喪失になっちゃいなよ」とススメています（笑）。

自分を落ち込ませたり、行動を制限したりするようなマイナスの記憶なんて、いっそのこと喪失しちゃったほうがいいですよ！　だって、あなたの記憶は楽しいことでいっぱいでいてほしいですから!!

人と比べて落ち込むよりも、マネしよう！

「あなたって小栗旬と比べると、だいぶ落ちるよね」

「あなたって綾瀬はるかと比べると、かわいくないわよね」

なんて、他人と比べられたらどんな気持ちがしますか？

「余計なお世話！　勝手に比べないでよ!!」と私だったら、めちゃくちゃ腹が立ちます。

人から言われるとすごくイヤなのに、「オレはアイツよりイケてないし」「私はAちゃんみたいにかわいくないし」とかって、自分自身で誰かと比較して暗〜く落ち込んでしまっているザンネンな人、と〜っても多いんですよ。

誰も人と比べろなんて言ってないのに、勝手に人と比べて落ち込む。それって一人拷問、自分で自分をサンドバッグにして殴っているようなものです。

なぜ、人と比べてしまうのでしょうか？


それはね、やっぱりエネルギーが不足しているからなんです。だから、いっぱい、い〜っぱい自分のことをホメてあげてください。

「今日もカッコイイよ！」「今日のファッション決まってるね！」「寝起きの顔もかわいいね！」「笑顔がステキだね！」

そうやってホメ言葉の口ぐせで自分にエールを送り、エネルギーが満たされると、人と比べて落ち込むことがなくなります。


エネルギーが満タンになると、ステキな人を見ても、「自分はダメだな」ってガッカリするネタにするのではなく、自分がステキになるための行動に変えられるようになるのです。

そもそも**カッコよさやキレイさって、個性**です。近ごろぽちゃかわブームなんて言われるように、渡辺直美さんのようなポッチャリ系もひとつの個性ですよね。

誰かと比べたくなったら、「あの人のどこがカッコイイのかな？」とステキな人をよ～く観察してみる。あのヘアスタイルかな？　と思ったら、ヘアスタイルをマネしてみる。「彼女のどこが魅力的なのかな？　目かな？」と思ったら、アイメイクをマネしてみるというように、マネればいいのです。

人と比べて落ち込む材料にするのではなく、自分をステキにするお手本にしてくださいね！

幸運の女神さまを逃がさない口ぐせ「大丈夫！　大丈夫！」

何かを頼むと、「私はバカだから」と言うのが口ぐせの○美ちゃん。私はその言葉を聞くたびに、「バカじゃないよ！」と言っていました。「バカだから」って言えば許してもらえると思っているのかもしれませんが、私は許しませんよ〜（笑）。だって、たいていそういう人で本当にバカな人っていませんから（笑）。

それよりも謙遜だったり、自信がなかったり、コンプレックスがあったりするのかもしれませんが、自分をバカにするような自虐的な言い訳は絶対にやめましょう。

私にも苦手なことがいっぱいあります。そんなとき、私は心の中で、

「大丈夫！　大丈夫！」とまずは唱えます。

それから、**できるだけ前向きに自分が努力している姿勢が相手に伝わるような言葉を選ぶ**ようにしています。

「理解力が悪くてごめんなさい。もう一度教えてもらえますか？」

「すみません、こういう機械の扱いはまるっきり知識がないので、わかるように教えてください」

「ごめんなさい。こういうことは理解するのに時間がかかるタイプなんです。もう少し時間をもらえますか？」

こんなふうに伝えれば、たいていの人はあなたの誠意を受け取ってくれるので、丁寧に教えてくれたり、かわいがってくれるものですよ。

たとえば、初めての仕事を頼まれたときも同じです。「自信がない」と言ったら、相手は不安になってしまいますよね。「やりたくないのかな？」「もうこの人に頼むのはやめようかな」と思われたら、そこでせっかくのチャンスは失われてしまいます。

心の中では自信ないなぁと思っていたとしても、グーッとハンドルをプラスのほうにきって、**「大丈夫！　大丈夫！」**と唱《とな》えてみてください。そして、相手を不安にさせない言葉、自分のちゃんとした気持ちを伝える言葉を選んでください。


「いま自分にできることを精一杯やらせてもらいます！」

「あまりやったことはないのですが、とにかく一生懸命やってみます！」

幸運の女神さまには前髪しかありません。せっかくのチャンスを逃さないようにしましょうね！　絶対に大丈夫！　大丈夫!!

スキにさせたら、こっちのもの！

「どうせ相手にされるはずがないから、スキな人に告白できない……」

「どうせ断られるから、スキな人をデートに誘えない……」

あ〜、じれったい！　あ〜、もったいないですよ!!

よく、ありますよね!?　「三歩下がってついてきてくれるような古風な人がタイプ」と言いながら派手でグイグイ引っ張っていく積極的な女性と付き合っていたり、「スポーツマンタイプの男性がスキ」と言いながら映画鑑賞が趣味のインドアな男性と付き合っていたり。

そんなふうに、実際に付き合っているのは言っているタイプとはぜ〜んぜん違うカップルは、世の中に山ほどいますよね。

もしかしたら、この世の中、理想のタイプの人と付き合っているほうがマレかもしれません。だから、「どうせ私はタイプとは違うから……」なんて尻込みしているのは、本当に本当にもったいないなって思うのです。

告白する勇気が持てないときは、こんなふうに言ってみてください。

「スキにさせたら、こっちのもの！」

なんだか、気持ちが前向きになりませんか？

スキになったら、いままでの好みなんてクルンッとくつがえっちゃうんです。だから、「スキにさせたら、こっちのもの！」なんですよ。

「どうせ私なんか相手にされない」と暗い顔をしているよりも、それくらい強気で自信を持っている人のほうが、ダンゼン魅力的に見えて、結果的にモテちゃうんですから。

結婚は修行。取り残されているんじゃなくて、修行相手を吟味している！

あるとき、30代半ばの女性が思いつめた暗い顔で一人さんにこんなことを嘆いていました。

「友だちがどんどん結婚してしまって、私だけ取り残されてしまっているんです」

すると、ユーモアを交えて一人さんはこう答えました。

「結婚はさ、できないんじゃない。本当は誰でもできるの。見てごらん、商店街を歩いていると、自分は絶対この人と結婚するのはムリって思う人でも結婚して子どももいるだろ？（笑）

あなたにしたら、絶対この人とは結婚できないという人でも結婚できるんだから、結婚できないって思うことのほうがおかしいんだよ」

みんな大きくうなずきながら、大爆笑でした（笑）。

そして、暗かった彼女の顔がパッと花が咲いたように明るくなりました。

「いいかい？ **結婚っていうのはね、早く結婚して後悔するか、遅く結婚して後悔するか、どっちかなんだよ。**

なぜかっていうと、**結婚は修行**なの。

アカの他人と生活するという修行なんだよ。結婚したらしあわせになれるとか、相手がしあわせにしてくれるとか、勝手な妄想を描くから失敗するんで、そのことを踏まえての修行なんだ。

しあわせにしてもらおうと思ってるとだんなが変なことを言うとイヤになっちゃう

けど、修行だと思ってると〝いい修行だな〟〝この人以外にこんな修行させてくれる人はいない〟って思えるだろ（笑）。

それからさ、結婚する相手というのは決まっているの。出てくると必ず結婚しちゃう。定めだから。そこから修行が始まるの。運命の人と呼んじゃダメ。修行の人（笑）」

結婚は修行だと気づき、お互いが「いい修行してるよね」と言い出せたとき、初めてしあわせがやってくるのだそうです。

あなたは取り残されているんじゃないですよ。だから、そんな思いつめた顔はもうやめにして、笑って、笑って!!

早くしても遅くしても、結婚は修行。あなたは修行の相手を吟味しているのです！

キレイにやせるおまじない!?「私は食べてもどんどんキレイになる！」

私はもともと太りやすい体質で、その上けっこうな大食いです（笑）。しかも、お酒も大スキ。放っておいたら太らないワケがないんです。

だから、スキなだけ食べたり、飲んだりする分、太らないようにサプリメントを飲んだり、運動をしたりしています。

そしてもうひとつ、気をつけていることがあります。それはね、太らないおまじないの言葉です。ヒミツにしておきたかったのですが、あなたにも教えますね！

「私は食べてもどんどんキレイにやせていく！」

「これを食べるとどんどんキレイになっていく！」

食事をするとき、この言葉をつぶやくんです。すると、不思議なことにめちゃくちゃ食べたいと思っていた食欲がおさまったり、食べても太らなかったり、本当にやせたりするんです。

太りやすい人というのは、自分を責める傾向があります。

「こんなに食べたら太っちゃう」と思いながらごはんやお菓子を食べていると、罪悪感まで飲み込んでしまうのです。

そうやって**罪悪感を持ちながら食べると、罰を受ける**ことになっています。その罰は何かわかりますか!?

そうです!!　デブになるという罰なのです。怖いですね〜(笑)。

太ると、人から「太ったね」とか「太ってるね」と言われてイヤな気分になり、さらに加えて、「太って服が着られないからイヤ」「私は太っていてみっともない」と自分で自分を責める。するとストレスが溜まってまた食べる、という悪循環に陥るという恐ろしい罰です。

私たちは生きた物しか食べられませんよね。尊い命をいただいて生きているのです。だから、「太っちゃう」という罪悪感を持ちながら食事をするよりも、食べ物の命に感謝しながら美味しく、楽しくいただきましょうね。

人生は大冒険。「勇気！　勇気！　勇気！」で踏み出そう！

何か新しいことを始めるとき、いつもより派手なオシャレをするとき、人前でプレゼンをするとき、スキな人に話しかけるとき……。

何かに挑戦しようとするとき、失敗したらどうしよう、笑われたらどうしようと不安の妄想にとりつかれて、初めの一歩をなかなか踏み出せないことってありますよね。

あるとき、一人さんが**成功するための大切なモノ**について、教えてくれました。

「成功するために必要なモノなんだけどね、〝知恵〟を貸してくれる人もいるよな。

いろんなことを教えてくれて、助けてくれる人。

それと、〝お金〟を貸してくれる人がいるよな。仕事をするためにはお金がかかるから、貸してくれる人。

この〝知恵〟と〝お金〟は出してくれる人がいるかもしれないけれど、一番大切なモノは、絶対に自分で出さないといけないんだよ。何だかわかるかい？」

私がはてなマークいっぱいの顔をしていると、一人さんはその大切なモノについてこう教えてくれました。

「あのね、**〝勇気〟だけは、誰も貸してくれない**んだよ。だから、自分で出さなくちゃダメなんだ。だけど、その〝勇気〟が出せなくって、成功するための一歩を踏み出せないでいる人が多いんだよな。その〝勇気〟だけガンバって出せれば、成功間違いなしなんだよ」

この話、素晴らしくないですか⁉

私の中では大感動で、本当の成功のコツを教えてもらった喜びでいっぱいになりました！

いくら他人が「エイエイ、オ～！！！」と気合たっぷりに応援してくれたとしても、あなたの足は一歩も前に出ません。**あなたの人生を成功に導くのは、あなたの出す〝勇気〟だけ**なのです。

でも、その勇気っていったいどうやって出すの？　と思った人も安心してください。勇気の出し方についても、ちゃ～んと一人さんは教えてくれました。

「あのね、自分で**〝勇気！　勇気！　勇気！〟って100回くらい言葉に出して言うといいよ。不思議と勇気が出てくるよ。**

勇気って、出しぐせなんだよな。いっぱい出そうとすると大変なんだけど、本当にちょっとでいいから出すんだよ。そうやって、ちょっとずつちょっとずつ出しぐせがつくと、知らないうちにいっぱい勇気が出てくるようになるんだよ」

人生はいろんなことに挑戦する大冒険です。いろんな場面であなたの勇気が試されています。でも大丈夫！

「勇気！　勇気！　勇気！」の口ぐせが、あなたの味方になってくれます。

あなたなら絶対にできますよ‼

第3章まとめ

◎他人をあてにせず、自分をしっかりホメて「自己重要感」を高めて、エネルギーをチャージする

◎口ぐせは、苦しいときに自分を支えてくれる。体調が悪いとき、将来を不安に感じたときこそ、自分を信じる力に変わる

◎「大丈夫！　大丈夫！」苦手なこと、自信のないことに直面したら、そう唱えて、相手には前向きな言葉を伝えよう

◎「勇気！　勇気！　勇気！」。勇気は誰にも貸してもらえないから、口に出して少しずつ、出すクセをつける

第4章

失敗もすべて成功に変わる「逆転」の口ぐせ

失敗は成功を作る、大切なパーツ！

〝成功〟という文字を虫眼鏡で眺めてみてください。

よ～く見るとね、ちっちゃな〝失敗〟という文字がいくつも集まって、成功という文字ができているんですよ。

はい、これは冗談ですから、虫眼鏡でいくらじ〜っと眺めても見えないですからね（笑）。

人間はたくさんの失敗を経験してこそ、成功することができます。

〝発明王〟と呼ばれたエジソンは、白熱電球のフィラメントに日本の竹を用いることで実用に耐えられる電球を作りました。そこに至るまでには、気の遠くなるほどの失敗があったと言われています。

しかし、エジソンはこんな言葉を残しています。

「私は失敗したことがない。ただ１万通りのうまくいかない方法を見つけただけだ」

エジソンにとって成功とは、**〝成功するまでやり続けること〟**だったのです。

また、〝経営の神さま〟と呼ばれたパナソニックの創業者・松下幸之助さんも、こう言っています。

「成功は成功するまで続けることである」

そうです。失敗は、そこであきらめてしまうから失敗になるのです。**いくら失敗しても、あきらめずに成功するまで続ければ、そこまでの失敗は全部大きな成功に変わるのです。**

では、失敗を成功に変えるのは何だと思いますか？

私は、それはやっぱり **〝口ぐせ〟** だと信じています。

たとえば、新人スタイリストの地味子《じみこ》さん。出かけようとしてジュースをこぼしたとき、「最悪」「ツイてない」と言って、いちいちマイナスのほうにハンドルをきる。

すると、「もー、最悪っ。お気に入りのワンピースが汚れちゃった。せっかくこれからパーティーに行く予定だったのに、私って本当にツイてない。他に着ていく洋服もないし、出かけるのをやめちゃおう」と、家でゴロゴロ。

失敗から何も学ばないから、また出かけることがあったとき、あわてててしまってコーヒーをこぼす。そうやって同じような失敗を何度も繰り返し、やがてどんどん大きな失敗になり、ついには、やる気さえなくなってしまうのです。

一方、同じ新人スタイリストの華子《はなこ》さん。彼女も同じように出かけようとしてあわてていたら、ジュースをこぼしてしまいました。

「よかった〜！　出かける前で。次からはテーブルの端にコップを置くのはやめよう。それから、あわてないように10分前行動を心がけなくっちゃ。本当にいい経験をしたわ！」と、すべてのことを、プラスのほうにハンドルをきる。

すぐに気持ちを切り替え、2番目にお気に入りの洋服に着替え、ちょっとさびしいかなと思い、スカーフをプラスしたスタイルで、パーティーへ出かけました。

すると、「そのスカーフのアレンジ、ステキね！」とホメてくれた雑誌の編集長に目をかけてもらい、それがきっかけとなって人気スタイリストへの道を駆け上がっていく。華子さんはたとえ失敗しても、その経験からちゃ〜んと学んで、成功へと変えていくことができるのです。

これってわかりますか？

起きたことは、一緒なんですよ。スタートは一緒なんです。

それなのに、口ぐせひとつで、人生が180度変わっちゃうんです。

失敗は一瞬イヤなことに思いますよね。でも、**失敗を学びに変えれば、それはひとつ頭がよくなった"経験"**です。つまり、成功への階段を1段のぼったということ。失敗という経験のお陰で以前の自分より、絶対にステキになっているのです。

結局、いいことばっかり起きている人なんていないんです。いいことも悪いことも、みんな同じくらいの数で起きている。**それをいいことに変えるか、悪いことに変**

えるかは、その人次第。

だから、うまくいかないことがあっても、それを失敗と思ってはダメですよ。マイナスの言葉を口に出して、さらなるマイナスの方向へ向かうように自分に追い討ちをかけるのはもうやめましょう。うまくいかないときは、こうつぶやいてください。

「これは大きな成功を作る、大切なパーツ！」

あなたはいつもいい経験をして、どんどんステキになっているんですよ！

失敗がチャンスに変わる！「これでよくなる、だからよくなる、さらによくなる」

いつも元気な私ですが、トラブルが起きたときには落ち込むこともあります。そんなときでも笑顔を心がけてはいるものの、何かを察した一人さんがこんなことを教えてくれました。

「まゆみちゃん、すっごい競馬を研究して、研究して、予想を立てたとしても、1回は当たるけど、その次も、その次もって当てたとすると、それってありえないくらいの天文学的な確率になっちゃうんだよ。わかるかい？

同じように、不幸なことって1回目はまだいいんだよ。だけど、2回目、3回目って立て続けに起きるなんて、そんな天文学的な確率でその人にだけ不幸が起きるワケがないんだ。

ということは、〝偶然〟じゃないんだよ。ちゃんと理由があって、自分が引き寄せてるんだ。だから、その**1回目のイヤなことが起きたときに、断ち切らなきゃいけないんだよ。**いいかい？　カンタンに断ち切るための言葉を教えるよ」

そう言って一人さんが教えてくれた不幸を断ち切る魔法の言葉。

「これでよくなる、だからよくなる、さらによくなる」

この言葉を口に出すと、イヤだと思っていたことを断ち切れるだけではなく、不思議なことに、本当にチャンスに変わります！

イヤなことが起きても、〝これでよくなる〟。イヤなことに気づけて〝だからよくなる〟。イヤなことから学んで、〝さらによくなる〟んです。

私はこの魔法の言葉が大スキです。そして、何かイヤなことが起きたときでも、この言葉を口ぐせのように唱えると心がスーッと落ち着いて冷静さを取り戻せます。

人間だから、失敗するのは当然。失敗しても、**「これでよくなる、だからよくなる、さらによくなる」**と何度も言って、すぐに立ち上がる。あの失敗があったからこそ、いまがある。失敗したって、どんないいことに変わるのかワクワクする。

だから、失敗は本当は、ち〜っとも怖くないんですよ。むしろあなたにとって〝よくなる〟チャンスです。

失敗は、神さまからもらった〝フリーパスチケット〟

もしかしたら、「いい口ぐせを心がけているのに、悪いことが起きるんです」という人がいるかもしれません。でもね、その悪いことは後で振り返ってみると、ゼ〜ッタイにいいことに変わるんですよ！

人間はちょっぴり悲しい生き物なんです（笑）。

なぜなら、いいことがあったときってうれしくてルンルン浮かれていて、あまり考えないですよね。

その反面、イヤなことが起きたときは、「なんでこんな目に遭《あ》うんだろう？」「私の何がいけなかったのかな？」と、立ち止まってしみじみ考えます。

そうなんです。人間って、イヤなことが起きないと向上できない、ちょっぴり悲しい生き物なんです（笑）。

すると、そのときに初めて、「もうあの人とは付き合うのをやめよう」とか、「もうちょっと慎重に行動しよう」とかって、自分のうまくいかなかったことへの反省材料にして、間違ったところを改良・改善して、そこで初めて向上できるのです。

そうすると、次に同じように何か起きても、それをチャンスに変えることができるようになるんです。

たとえば、大スキな彼にフラれたとき。

散々泣いて、イヤな思いをしたなら、「なんでフラれたんだろう？　次は、相手がもっと惚れちゃう女性になろう!!」「もっとキレイになってやろう！」「もっとオシャレしよう！」などと、自分磨きにガンバっちゃえばいいんです。もっといい男をつかまえるチャンスにしちゃえばいいんです（笑）。

そうすると、そのうち間違いなくステキな彼ができて、あなたはこう言います。

「あのときフラれて本当によかったわ」「あのまま結婚していたら、つまらない人生だったわ」（笑）

人生ってそんなモノです。

振り返ったら、失敗は、本当はあなたの人生の素晴らしいターニングポイントです。

「第一志望の学校に落ちた」「第一志望の会社に落ちた」「新商品の企画が通らなかった」「リストラされた」「離婚した」、そんな一見悲しいことの渦中にある人には、それが神さまからの最高の学びのプレゼントだとはわからないかもしれません。

でもね、**人は失敗からしか学べない**んです。

本当は失敗って、神さまから私たちがもらっている

"使い放題のフリー

パスチケット"！！！　だから、失敗していいんですよ。

「**人生は失敗から学んでるんだよ。だから、失敗させないことは、学ばせないのと同じこと**だよ」と一人さんは言います。

だから、子育て中の人は子どもが失敗しないようにとアレコレ先回りしてやってあげてしまいがちですが、子どもに失敗させてあげることも親の愛なんですよ。

だって、経験がゼロだったら、世の中おっかなくなっちゃうじゃないですか（笑）。

武器も持たないで、地図も持たず、裸で未開の

ジャングルに入っていくくらい怖いですよ。

お子さんを信じて、たくさんの経験をさせてあげてください。

「最悪」は、最悪なことを引き寄せる口ぐせ

ときどきお会いする30代の女性の方とお話をする機会がありました。

私が、「最近どうですか？」と尋ねると、「もう最悪なんです。聞いてください……」。「お子さんは元気ですか？」と聞いても、「もう最悪で、ちっとも私の言うことを聞いてくれないんですよ……」。

彼女は「最悪」という口ぐせの通り、最悪な日々を過ごしているご様子。

せっかくキラキラしたとってもステキなワンピースを着てオシャレをしているのに、顔がどんよりとくすんでいて体調も悪そうです。本を読んだりセミナーや講演会

にも参加しているというのに、とてももったいないな〜と思いました。

いいですか？　思い出してください。

〝言葉は神さまへのオーダー〟というお話を第1章でしましたよね。レストランでどんなに心の中でカレーが食べたいと念じていても、「オムライスください」と注文すれば、あなたの前に出てくるのはオムライスなのです。

口に出したことは必ず叶います。**「最悪」というその口ぐせが、さらなる最悪なことを引き寄せてしまっている**のです。最悪という口ぐせって、その言葉通り、と〜っても最悪なんですよ！（笑）

たとえば、ちょっとつまずいたとき、信号が赤に変わってしまったとき、書類を書き損じてしまったとき、そんなちょっとしたことで「最悪〜」と言っていませんか？もしかしたら、言っていることにさえ気づいていない人も多いかもしれません。

私はつまずいたり転んだり、ちょっと失敗したというときには、スポーツでチームメイトがミスしたときに励ますように、**「ドンマイ、ドンマイ」**と、自分に声をかけます。気にしない、気にしないという感じですね。

失敗という不運を「ドンマイ、ドンマイ」という口ぐせで一度断ち切る。そして、すぐに気持ちを切り替えるので、前に進むことができるのです。

あなたに起きたことは、本当に最悪ですか？
まず、そこに気づいて、悪い口ぐせを、自分の口から追い出しちゃいましょう！

あわてない魔法の口ぐせ
「どうしよう!?　ああしよう！　こうしよう！」

「どうしよう!?」とあわててしまうときって、誰にでもありますよね。はい、私もよくあります。私がまるかんの仕事を始めたばかりのころのこと。「どうしよう!?」と私が叫ぶと、それを聞いていた一人さんが私にニッコリ教えてくれました。

「まゆみちゃん、〝どうしよう!? ってことが起きたときに、『どうしよう!? どうしよう!? どうしよう!?』って、3回言ったらノイローゼになるよ（笑）。

だから、いいかい？『どうしよう!?』の次は、こう言うんだ。

『ああしよう！　こうしよう！』

そう言うんだよ。

そうすると、『どうしよう!?』と思ったことに対して、おもしろいんだけどさ、**脳が『ああしよう！　こうしよう！』って、次に、何をしたらいいのか考え出す**んだよ。わかったかい？　おもしろいから、やってみてごらん」

人はあわてると、心が正常ではなくなります。さらに行動もできなくなってしまって、そのことばっかり考えてしまいます。

そうすると、悩みの渦にグルグル巻き込まれたようになってしまうから、ノイローゼになりかねないんです。

だから、「どうしよう!?　どうしよう!?　どうしよう!?」と連呼してはゼ〜ッタイにダメですよ。

「どうしよう!?」の後には、何にもアイデアが浮かんでこなくても、明るく、「ああしよう!　こうしよう!」と言ってください。

あなたの素晴らしい、**〝次の手〟**が浮かんできますよ!!


失敗しても、「ああしよう!　こうしよう!」と

考えるから、一歩、二歩と次の手で前に進んでいくことができるのです。

どうせなら、「この失敗があってよかった」というプラスのところまで持っていく。そのためには、失敗や問題が起きたら、必ずこれで得したなと思うところまで「ああしよう！　こうしよう！」と次の手を考える。

それを習慣づけておくと、常に脳が勝手にいいほうにカン違いして、いつでも、どんなことが起きても、最高の解決策を、すばやく見つけ出すようになるのです。

人間関係の問題を解決すれば、人間関係がもっとよくなる。会社の問題を解決すれば、会社の利益がさらに上がる。

「どうしよう⁉」から「ああしよう！　こうしよう！」と言って問題を解決すると、人生全部が成功に向かいます。

何か失敗をしてあわてたときはひとまず深呼吸をして、このあわてない魔法の言葉を言ってみてくださいね。

『どうしよう!?　ああしよう！　こうしよう！』

どんなステキな次の一手がヒラメきましたか？

「大丈夫。信じてるよ」は、最高のプレゼント！

「子どものことが心配です」
「友だちのことが心配です」

そんな〝心配〟をしている人に、一人さんはやさしく教えてくれます。

「あのね、〝心配だ、心配だ〟って言ってるのって、相手のことを信じてないってことなんだよ。

だからさ、〝心配だ〟って言うかわりに、こう言ってあげな。

〝信じてるよ〟って。

〝あなたなら、大丈夫。信じてるよ〟

〝あなたならうまくいく。信じてるよ〟

誰かに信じてもらっているって思うと、ものすごい力になるんだよ。それだけで、ガンバれちゃったりするるんだ」

本当にそうだな～って思います。心配の反対は、信じてる。信じてもらっていることが、ものすごい力を与えてくれる。それが相手への何より最高のプレゼントです。

これは自分に対しても同じだと思います。

「また失敗するんじゃないか心配」

「フラれるんじゃないか心配」

「将来のことが心配」

いろんな心配がモヤモヤと頭に浮かんだとき、心配だと思うのは、自分を信じていないっていうこと。自分に自信がなくなっていたら、自分にこう言ってあげてください！


「○○ちゃんなら絶対に大丈夫。○○ちゃんのことを心から信じてるよ」ってね。

（※○○ちゃんのところに自分の名前を入れて言ってくださいね!!）

第4章まとめ

◎失敗は大きな成功を作る、大切なパーツ。失敗を学びに変えれば、それは〝経験〟に変わる

◎最悪な出来事は、自分に「ドンマイ、ドンマイ」と言って、断ち切ろう

◎「どうしよう!? ああしよう! こうしよう!」で落ち着いて次の手を考える

◎いろんな心配が頭に浮かんだときは、「信じてるよ」と言って、自分を信じてあげる

第5章

いいことばかりを引き寄せる「上気元」の口ぐせ

悩みは解決しない！
大切なのは〝上気元〟で生きること‼

あなたは去年、自分が悩んでいたことを覚えていますか？　さらに、その悩みをどうやって解決したか覚えていますか？

「何に悩んでいたかしら？」って思うくらい、たいていは悩んでいたことすら忘れてしまっていますよね（笑）。

知ってましたか⁉

実は、たいていの悩みって、解決すらしていないんです。

悩みって本当はなくならないんですよ。

たとえば、タンスに頭をぶつけて「痛い」って思っている。すると、今度は足の小指をぶつけて「痛い、痛い」と転げ回っているうちに、頭をぶつけたことはすっかり忘れている。それと一緒なんです（笑）。

そのときは真剣に悩んで、「もうダメかも……」「もう立ち直れない……」とかそんなふうに、ずーっと考えています。ところが、その間に、次の悩みが現れます。そうすると、前の真剣に悩んでいたことは、すっかり忘れてしまうんです。

だから、所詮、解決しないのが悩みなんだと思ったら、暗い顔をして頭を抱えて悩んでいてももったいないし、よく考えると自分の時間もエネルギーももったいないのです。

私のことをいつも元気で、悩んだり落ち込んだりすることのない超人だと、カン違いしている人がいます（笑）。

そんなことナイですよ。私も人間です（笑）。

ときには、「あのときこうすればよかったな……」「あれはどうすればいいだろう……」とかって、心の中ではクヨクヨ悩んでしまうこともあります。

「本当に？」とよく疑われますが、本当に本当です（笑）。だって、私にも、神さまがくださった〝喜怒哀楽《きどあいらく》〟という素晴らしい感情がちゃんと備わっているんですから‼

でも、悩みは本当は解決しないということを知っているから、私は、そんなときは、自分の感情を、もう勝手に放っておくんです。

それで、**自分にできるだけやさしくしてあげる**ようにしています。

もし、悩んで気分が落ち込んでいる状態のまま、私が講演会の壇上に暗〜い顔をして上がったらどうでしょう？

「みなさん、元気ですか？　私はもう最悪です。すっごい悩みがあって、昨夜は一睡もできなかったんです。もう何をするのもめんどうになっちゃったので、パジャマのままスッピンで来ました。もうツラくって、ツラくって……。みなさん、私の悩みを聞いてください！　実は昨日会社でこんなトラブルがあって……」

なんて深刻な表情で話し始めたら、せっかくお金を払って楽しみに来てくださったみなさん、めちゃくちゃガッカリしますよね。もう二度とまゆみさんの講演会に行くのはやめようって思いますよね（笑）。

講演会に来てくれた人に私の悩みは関係ないのですから、その前に自分のテンションを、その場に合わせて、ごキゲンなテンションにしていくのは当然のことです。

私は一人さんのキゲンが悪いところを、ただの一度も見たことがありません。しかも、弟子である私たちが、一人さんのごキゲンをとったことも、ただの一度もありません。むしろ、いつも楽しい話で私たちの気分を盛り上げてくれています。

いつでも「上気元」な一人さんが、そのヒミツを教えてくれました。

普通は「上機嫌」と書きますが、元の気が上で、明るく楽しく元気そうな「上気元」と一人さんは書きます。

「まゆみちゃん、人のキゲンには3種類あるって知ってるかい？
キゲンには、**上気元と中キゲンと不キゲン**があるんだよ。不キゲンなのはいつもキゲンの悪い人。当然、不キゲンなことばかり起きるんだよ。

中キゲンなのは普通の人。そのときの自分の気分でキゲンがよかったり、悪かったりする、まあ、いわゆる〝お天気屋〟さん。普通の人には普通のことしか起きないんだよ。〝なんで私には奇跡が起きないの？〟と言ったって、普通なんだから普通のことしか起きるわけがない（笑）。

上気元はいつもごキゲンな人。いつも上気元にしている人にはどんどんステキな奇

跡が起こるんだよ。オレはいつでも上気元なの。

上気元な人には、神さまが味方してくれるんだよ。世間の人から見ても上気元な人は目立っているけど、天から見てもものすごく光り輝いているんだよ。とっても見つけやすいから、運のいいことやしあわせなことを、神さまも届けやすいんだよ」

生涯累計納税額が日本一だったり、出す商品がすべて大ヒットしたり、世の中の人が言う〝奇跡〟のようなことを一人さんは連続で起こし続けています。そんないいことばかり引き寄せるヒミツが、そう**〝上気元〟**なのです！

他人がどんなに不キゲンでも、あなたにはちっとも関係ありません。**人のごキゲンをとるよりも、自分の心をいつも〝上気元〟にしましょう‼**

次の項からは、自分のキゲンをとるために役立つ〝口ぐせ〟についてご紹介しますね。

口ぐせを味方につけていつでも上気元でいれば、あなたにも奇跡のようないいことばかりが起こりますよ。

「大丈夫、大丈夫」は万能薬の口ぐせ。根拠のない自信を持とう！

人は放っておくと、〝心配〟や〝不安〟を感じるようにできています。なぜなら、人間が生きていくための防衛本能として神さまが私たちに備えてくれたものだからです。

だって、もし防衛本能が備わっていなかったら、死んでしまうという心配がないから、高層ビルから平気で飛び降りちゃったり、火の中に飛び込んじゃったり、道に落ちているものを食べちゃったり、無茶なことを平気でやってしまうのです。それでは命がいくつあっても足りませんよね（笑）。

だから、心配や不安があるのは、まともな証拠です（笑）。ただし、異常なほど、心配したり不安になる必要はないんですよ。

たとえば、初めての仕事を任されたとき。締め切りに間に合わなかったらどうしよう。うまくいかなかったらどうしよう。怒られたらどうしよう……。いろんなことを想像して、必要以上に先のことを考えて、心配や不安になる。

でもね、**その不安の根拠って何ですか？**

具体的に、あなたのその不安の根拠を言えますか？

たいていの場合、防衛本能が発動しただけで、不安の根拠ってないんです。そんなときは、**オールマイティに使える万能薬の口ぐせ「大丈夫、大丈夫」と言いましょう！**

「大丈夫、大丈夫」と言っていると、心配や不安よりも、まず何をしたらいいのかな？　うまくいくにはどうすればいいかな？　という前向きなエネルギーや知恵がどんどん出てきます。

私がまるかんのお仕事を京都で始めるようになったとき、先に、北海道や大阪で、まるかんのお仕事をしていた恵美子社長こと恵美ちゃんが私に電話をくれたんです。

「初めての土地だし、商売も初めてだし、販売のことだったり、不安なことはない？」と、やさしく聞いてくれました。それに対して、私はこう答えました。

「恵美ちゃん、あのね。不安はないんだけど、知識がないの（笑）」

すると、恵美ちゃんは大笑いしながら、

「いや〜〜！　まゆみちゃん。絶対に成功するわ（笑）。不安がないってすごいよ（笑）。不安がなかったら、何にでも挑戦できるから、知識なんていくらでも、吸収することができるよ！

まゆみちゃんの知識の部分は、私がいくらでも教えてあげるから、大丈夫だよ！」

とってもステキな話でしょ!?

私たち一人さんのお弟子さん仲間たちは、いつも上気元でいることを一人さんから教わっているから、いつでもどんなときでも上気元でいられるのです。

不安を感じるどころか、根拠のない自信を持っています。

どうせ根拠がないなら、根拠のない自信を持ちましょう！

言葉をちょっと変えるだけで上気元になる！

この本の打ち合わせを出版社さんでしていたときのことです。出版社さんの担当の方から、こんな質問をされました。

「まゆみさん、ついつい『はぁ〜〜』とため息をついてしまうんですが、よくない口ぐせですよね。ため息はどんな口ぐせに変えたらいいですか？」

そのとき、私に笑いの神さまが舞い降りて〝ヒラメキ〟を授けてくださいました。

「ため息って〝はぁ〜〜〟って言うから、暗いんですよね。〝はぁ〜〜〟のかわりに、ちょっと**マイケル・ジャクソンふうに、**〝**フォ〜〜♪**〟にしたらどうですか⁉（笑）」

そう言うと、その場が笑いの渦に包まれて、和《なご》やかな雰囲気を通り越して、笑いが止まらず涙を流すほど笑いました。

言葉って、ほんのちょっと変えるだけで、気分がガラッと変わってしまうんですよ。

「はぁ～」という暗いため息は、世界で一番悪い波動が出るそうです。そのうえまわりのみんなに気を遣わせたり、どんよりとした暗い空気にしたり、なんだか疲れがどっと押し寄せる気さえして、いいことがひとつもありませんよね。

一方、**「フォ～～♪（マイケル・ジャクソンふう）」**という口ぐせなら、なぜかみんなが踊り出したくなるくらい楽しくって笑顔になれる。

あなたのため息も、今日から「フォ～～♪」に変えてみてください（笑）。

言葉って本当に魔法みたいですね！

いいことばかりを引き寄せるしあわせのため息「はぁ〜、しあわせだな〜」

ため息は、実は私は子どものころからとっても苦手でイヤなものでした。父親が突然、「はぁ〜」とつく深いため息がと〜ってもイヤだったのです。

ため息を聞くと、「なんか私、悪いことしたかな?」「お父さんをガッカリさせるようなことを言っちゃったかな?」と、子どもながらにとても気になって、イヤな気分になっていたのです。ところが、一人さんに出会ってその思いが180度変わりました。

ある日ドライブをしていると、一人さんが、「はぁ〜」とため息をついたのです。

私は一瞬、父親のため息を思い出してビクッとしました。

ところが、その後すぐに、**「しあわせだな〜」**と言ったのです。私にとって、ものすごい衝撃でした！

「えっ？　しあわせなの⁇　いま、しあわせって言ったよね、一人さん‼」

すると一人さんはニコニコしながら言いました。

「そうだよ。**しあわせでため息が出ちゃったんだよ。**

そうそう。まゆみちゃんも覚えておくといいよ。ため息ってね、〝この世で一番悪い波動〟を出すんだよ。だから、ため息ばかりついている人は、悪いことばかり引き寄せてしまうんだ。

だけどね、それを**〝この世で一番しあわせの波動〟に変えることができる**の。それがいま、オレがやった**〝しあわせだな～〟ってつけ足してあげること**なんだよ。

ため息をつかれると、まわりの人は気を遣ったり、心配したりするだろ？　それってよくないよな。でも、ため息に**〝しあわせだな～〟**ってつけ足しただけで、まわりの人までしあわせに包まれていい気分になるだろ？
そうすると、〝**しあわせのため息**〟に変わるから、いいことばかりが引き寄せられるしあわせの波動になっちゃうんだよ」

私は一人さんのしあわせのため息のお陰で、ため息を聞くとイヤな気持ちになるという子どものころからのトラウマから解放されることができました。
お風呂に入ったとき気持ちよくて思わず、「はぁ～、極楽、極楽」と出ちゃうことがありますよね。そんな感じです（笑）。

あなたも今日から、ため息が出ちゃったときは、**「はぁ～、しあわせだな～」**と言ってまわりの人にもしあわせを伝染させてくださいね！

「お疲れさま」より、「ご活躍さま！」

「まゆみさん、お疲れさまでした〜」
講演会が終わった後などに、こんなふうに声をかけてくださる方がよくいらっしゃいます。そんなとき、私は笑顔でこう返します。
「ぜ〜んぜん、疲れてないですよ〜（笑）」

みなさんとお会いできる時間は、私にとってめちゃくちゃ楽しくて、しあわせな時間。決してムリしているわけではなくて、本当に疲れないんです。むしろ、さらにテンションが上がってパワーがみなぎって、めちゃくちゃ元気です。

世間一般的には、会社勤めをしていると「お疲れさま」がお互いを労《ねぎら》うあいさつ言葉になっているのかもしれませんね。

でもね、「お疲れさま」と言って元気が出るのならいいのですが、口ぐせの法則からすると、余計に疲れを引き寄せてしまう気がしませんか⁉（笑）

なので、こんなあいさつはいかがでしょう？

「お疲れさま」よりも、オススメのあいさつ言葉です。

「ご活躍さま！」

私たちの仲間は、こう声をかけあいます。なんだか気分よくないですか？

仕事終わりの乾杯のときの音頭も、「お疲れさま～」ではなく、**「ご活躍さま～～♪」**なんですよ。今日1日活躍した仲間や自分をホメたたえて乾杯する。

「ご活躍さま」と言われると、よくガンバったな、明日もまたガンバろうとやる気がみなぎってきますよね。

今日1日ガンバったあなたにも、**「ご活躍さま～！」**。

上気元を邪魔する人は、不キゲンの〝達人〟！

「職場の上司が急に怒り出すんです」
「同僚が悪口を言いふらすんです」
「保育園のボスママがあいさつしてもムシするんです」

こんな相談を受けることがよくあります。いつでも上気元でいたいと思っても、相手のいる人間関係においてはなかなかムズカシイこともありますよね。

普段は天国言葉を心がけているのに、「急に怒り出したりして何、この人、ムカつく」「許せない！」なんていう地獄言葉がポロッと出てしまうという人もいるんじゃないでしょうか⁉

でも、それではその人と同等以下になってしまいますよ‼　だって、すごくムカつく人を罵倒しているんですから、自分はその人以下ってことになっちゃいますよね!?

そうはなりたくないから、ムカッとしたときは、こんな言葉に言い換えてみてください。

「達人だね!」

私たち仲間の間では、**イヤなことをして自分の上気元を妨害してくる人のことを、〝達人〟と呼んでいます**(笑)。私たちの想像を超えた不キゲンの域に達した人ですから、私たちには、その**〝達人〟の気持ちや行動については、まったく理解ができなくてOK**なんです(笑)。

逆にわかっちゃったら、同じ不キゲンの〝達人〟になっちゃいますから(笑)。

「あ〜、今日も上司に怒鳴られるのイヤだな」
と思いながら会社にイヤイヤ行くよりも、
「よし、今日は達人のワザをどうやってかわそうかな？」
なんて、ちょっとおもしろがってみる。

すると、モヤモヤ、ムカムカしていたイヤ〜な気分がスーッと消えていくのです。

楽しんじゃってるあなたの〝勝ち〟なのです！

そうやっていくら相手がブスッとしていても、ムカッとするようなことを言われても、サラッとかわしてニコニコ笑顔で穏やかな気持ちでいると、自分がひとつ上のステップに上がれちゃうんです。

そうすると、不思議なことに、いつもは怒鳴る上司がやさしくなったり、仕事がうまくいくようになったりと、あなたに上気元の奇跡が起こるのです。

マズイ料理も一瞬で笑える楽しい思い出に

みんなで旅行に行ったときのことです。お昼ごはんの時間になり、もうみんなお腹ペコペコ。車で通りかかったお店に入りました。

ところが、非常にザンネンなことが起こったんです！

出てきたお食事が、なんとなくハズレだったんです。はっきり言うと、あまり美味しくなかったんです。いえ、マズかったんです（笑）。

そういうときの、一人さんと私たちの行動は、すばやいのです（笑）。

さっと食事を済ませ、そのお店を去ります。

そして、車の中で、「いや～～。ザンネンなお店だったね。はっきり言って美味しくなかったね～」と言う私たちに、一人さんは、ニコニコしながら、こう言いました。

「ダメだよ。美味しくないとか、そんなこと言ったら。あのお店の人が聞いたら、ショックだろう？　どうせ言うなら、わからないように、こう言わなくっちゃ。

〝ウンゲロマズマズ〟（笑）」

すると、もう私たちは、お腹がよじれるほど、みんな大爆笑です。

一人さんの笑える一言で、本当は美味しくない食事で、不愉快になっちゃいそうなお店が、一生、忘れられない楽しい思い出のお店に、変わっちゃったんです。

また、あるときお蕎麦《そば》屋さんで食事をしたあとのことです。**「すごいぞ〜、ここの蕎麦は、蕎麦からダシをとっているぞ（笑）」と、一人さん。**

そうなんです、味がめちゃくちゃ薄かったのです。このときもみんなで大爆笑でした。


こんなふうに一人さん流のユーモアは、いつも一瞬にして私たちを楽しい気持ちに変えてくれます。

食事は旅行の楽しみのひとつですよね。旅の思い出としても記憶に残ります。料理が美味しくないと、それで、ガッカリして気持ちが沈んでしまうこともあります。

でも、一人さんは、とんでもないマズイ料理が出てきても、いつでも上気元です。

それはなぜかを教えてくれました。

「それよりも、**そんなことで不キゲンになっちゃって、楽しい旅がつまらなくなっちゃうほうが、大問題**だよ（笑）」

本当にその通りですね!!

そして、どんなことがあっても、笑えることにさっと変換して、私たちを楽しい気持ちにさせてくれます。だから、一人さんといるとどんなに人気のあるテーマパークより楽しいんです。

一人さんは教えてくれます。

「なぜ楽しいかって言うとね、オレはね、いつも楽しいこと考えてるからなの。**楽しい人って楽しいこと考えてるんだよ。**私、つまんないんですって人は、いつもつまんないこと考えてんの。いつも怒ってるようなヤツって、いつも腹の立つこと考えてんだよ。

家に帰って、〝おまえ、なんでそんなところにぞうきん置いて〟って怒るんだけど、本当はぞうきんを見つける前から怒ってんだよ。本当はぞうきんじゃなくて、ごぼうでも、何でもいいの。ごぼうを見つけたら、〝なんでこんなところにごぼうがあるんだよ〟って言って怒るんだよ。

それで、何にも見つからないときが一番腹立つんだよ。そうすると今度は昔のことを持ち出す。済んじゃったことまで持ち出して、〝おまえ、そういえば……〟とかってね。聞いてるだけで、イヤなヤツだろう？（笑）でも、ホントにそうなんだよ。

だから、人間ってイヤなことじゃなくて、

〝どうしたらおもしろくなるかな〟というこことを、いつも考えていないと、楽しく生きられないんだよ」

不キゲンな人は、いつも不キゲンなことを考えているんです。

だから、上気元でいるためには、イヤなことでさえ、「どうしたらおもしろいことに変えられるかな？」と考える。

マズイ料理を、「マズイ」と言えばイヤな思い出のまま。「ウンゲロマズマズ」のように（笑）、**誰もが笑っちゃう楽しい言葉ひとつで、イヤな出来事さえ、楽しい記憶にガラリと変わる**のです。

60％の調子でも「絶好調！」で奇跡が起きる！

一人さんから教わった口ぐせで、簡単に健康が手に入っちゃう方法を教えますね。

それはね、**「絶好調！」**と言うんです。

普通の人は、100％調子がいいときが「絶好調」だと思いますよね。

でも、一人さんの場合は**「絶好調」は60％と決めている**そうです。

一人さんは言います。

「オレはね、子どものときから体の具合が悪くてずっと病気だったの。昔からね、今度はダメだろう、今度はダメだろうって、お医者さんにも言われてたの。でも、ダメにならないの。ともかく死なないの（笑）。で、ある日とんでもないことに気がついたの。結局、死なないヤツは丈夫なんだって（笑）。

だから、いま、オレはこう言ってるんだ。『体にだけは自信があるんだよ』ってね（笑）。だって、すごい元気そうだった人でもオレよりも早く死んじゃった人っていっぱいいるの。だけど、オレは死んでない。だから、死なないヤツは元気なんだなって。〝絶好調だよ〟と言ってるとね、だんだん〝絶好調〟になってくるんです。でも、カン違いしちゃいけないよ。〝絶好調！〟って言ってたら、病気しないとかじゃないんだよ。病気はするけど、治りも早い。

それから、まわりの人が明るいの。オレ、何回も入院したことあんだけど、オレが入院してる部屋は明るい（笑）。看護師さんが遊びに来たり、オレが相談に乗ってあげたりね。病室が楽しいサロンみたいになっちゃうんだ。それとね、明るくしてると、ほんとに治りが早い。だから、〝絶好調！〟って言ってごらん」

よく、「元気ですか？」と尋ねると、「足が痛くて」「腰が痛くて」「具合が悪くて」と答える人がいます。

でも、いくら痛い、具合が悪いと相手に訴えても、その人には治せませんよ（笑）。お医者さんでなければ治してもらうことはできませんからね（笑）。

それよりも、「今日は調子がいいよ」「絶好調だよ！」と言うと、あなたの家族や友だちやまわりの人が安心します。まわりの人に安心を与えるような人には、必ず、奇跡が起きるものです。

たとえ体調が60％でも、「絶好調！」と言ってみましょう。あなたに素晴らしい奇跡が起こりますよ！

トラブルは「おもしろくなってきたぞ〜！」で楽しく解決！

みんなで集まっているとき、一人さんに電話がかかってきました。横で聞いていると、なんとなくトラブルが起きた様子です。

でも、一人さんは困ったりあわてたりする様子を1ミリも見せることなく、今後の対処法を楽しそうに伝えています。そして電話を切った後、満面の笑顔でこうつぶやきました。

「おもしろくなってきたぞ～！」

私たちは、一人さんってなんてカッコイイんだろうと、さらにホレなおしてしまいました。一人さんって、心臓に毛が生えているどころか、心臓がジャングルみたいになっているんじゃないかと思うほど（笑）、いつでも平静さを失いません。

それは、やはり**「自己肯定力」の高さ**だと思います。

「自己肯定力」とは読んで字のごとく、「自己」を「肯定」する力。自己肯定力が高ければ、さまざまな出来事に対して積極的に取り組むことができ、常日ごろの自分の〝しあわせ度数〟がめちゃくちゃ高まります。

ところが、逆に自己肯定力が低いと、自分を否定したり、疑ったり、ダメだと思うことに、常にエネルギーを使ってしまいます。すると、意欲が低下するだけでなく、自分を苦しめるような考え方をするため、常日ごろの自分の〝しあわせ度数〟が、めちゃくちゃ低くなるのです。

普通なら、会社に損失が生じるような大変なトラブルなのに、何がおもしろいんだろう？　って思いますよね。でも、一人さんは「おもしろくなってきたぞ〜！」と言って**自分のキゲンを損ねることなく上気元でトラブルを意欲的に解決する。**

そうすると、本当にすごいことが起きます。大変なトラブルだったのに、逆にそのことから、「お客さんに喜ばれちゃったね」「売り上げが上がっちゃったね」というような、得しちゃうようないいことが、起きちゃうんです。

私自身も、一人さんにいろんなことを教わっているからといって、トラブルが起こらないわけではありません。

だって、いろんなことが起きるのが、人生ですからね。

だけど、トラブルが起きたときに、私が「もうイヤになっちゃう。困ったな」と不キゲンになって暗い顔をして頭を抱えていても、トラブルが解決するわけではありません。ヘタをすると、さらなる困ったことを引き寄せて、もっと困るだけです（笑）。

どうせなら、トラブルが起きたときこそ、笑顔で「おもしろくなってきたぞ〜！」と言ってみましょう!!

そうすると、不思議と、どうやってトラブルを解決しようかな？　とワクワクしてくるのです。

そうやって**楽しみながら解決すると、必ずいい結果につながる**のです。

あなたも口ぐせの魔法で上気元になって、奇跡をジャンジャンバリバリ起こしましょう！

第5章まとめ

◎悩みが完全になくなることはない。悩むことに時間やエネルギーを使わず、いつも上気元でいよう

◎「はぁ〜、しあわせだな〜」。ため息の後にしあわせをつけ足して、いいことを引き寄せる

◎60％の調子でも「絶好調！」。言い続ければ、だんだん絶好調になってくる

◎いろんなことが起きるのが人生。トラブルは「おもしろくなってきたぞ〜！」と意欲的に解決する

第6章

相手を惚れさせる「賞賛」の口ぐせ

ホメる人は貴重品。歯が全部抜け落ちるくらいホメよう！

この世の中で一番必要とされている人って、どんな人だと思いますか？

「才能のある人」？

いいえ、違います。**この世の中で最も必要とされているのは、ホメる人です。人は、放っておくと、他人をホメたがらない生き物**なんです。

それなのに、自分のことは「すごいね！」「エライね！」ってホメてほしくてしかたがない生き物なんです。ずいぶん身勝手な話ですね（笑）。

世の中は需要と供給で成り立っています。この世の中でホメられたい人は山ほどいます。その証拠に、「私のことは絶対にホメないでね」という人は滅多にいない。つまり、**「ホメられたい」という需要はめちゃくちゃある**わけです。

ところが、ホメる人は少ない。そうすると、超レアな限定品が値上がりするように、ホメる人の価値がグーンと上がるのです。

だから、**人のことをホメていると、魔法にかかったかのように、勝手に自分のことをスキになる人がめちゃくちゃ増える。**人気がめちゃくちゃ出ちゃうんです。

商売をしている人ならお客さんが増える。会社で働いている人なら人気者になって出世する。専業主婦だったらだんなさんがやる気を出してバリバリ働くようになる。子どもも自信を持ってノビノビと育つようになる。

友だちからも異性からも好かれてモテモテになる、というように絶対に引っ張りだこになるのです。

ホメるときのキホンを一人さんが教えてくれました。

「まゆみちゃん、〝歯が浮くほどホメる〟ってよく言うだろ？　でもそれじゃダメなんだよ。もう**歯が全部抜け落ちるくらいホメるんだよ**（笑）」

ホメるのは恥ずかしいとか照れている場合ではありません。相手をホメてホメて、もう歯がぜ〜んぶ抜け落ちちゃうくらいホメまくるんです。

ホメるのは何でもいいんですよ。

「声がステキですね」
「ネクタイが似合っていますね」
「爪の形がかわいいですね」

何でもいいからとにかくホメる。ずーっと探してもホメるところをどうしても見つけられない（笑）、というときにはこうホメてください。

「なんかいい雰囲気ですね」

あ・あれですね
なんか…アレだ
いい雰囲気ですね！

そう、アバウトな感じでホメましょう。誰にでも使える、いざというときの必殺ワザのようなホメ言葉です（笑）。

大切なのは、あなたにホメる気があるかということです。人の欠点を１００探すより、いいところをひとつ見つけてホメる。ホメる気がないのなら、もうこの章は読まずに飛ばしちゃってください。でも、人のことをホメると、絶対に好かれます。この世の中で貴重なのはホメる人ですよ。

「お父さんとお母さんの子だから、あなたはかわいい！」

高校生の娘さんがいるお母さんから、こんな質問をされたことがあります。
「私は自分のことをあまりスキになれないんです。だから娘にも伝染してしまって、娘も〝私はかわいくない。父親に似て一重だし、背は高いし……〟って不満ばかり。どうしたら自分をスキになれますか？」

とにかく何でもいいから、**子どもに元気を与える言葉を言ってあげてくださいね!!**

たとえば、「実はね、黙ってたんだけど、昔、お母さんはミス・ユニバースで、お父さんはハリウッドの俳優だったんだよ。その2人から生まれたんだから、あなたはかわいいに決まってるのよ。まだ、あなたの個性に世の中の人が気づいてないだけよ!! だから自信を持ちなさい!」。

きっと子どもは、〝ウソだ〜〟って笑うと思います。でも、たとえウソでもいいんですよ（笑）。大切なのは、その子が笑顔になって元気が出ればいいんです。そして、きっと〝私たちの子どもだから、あなたは絶対に大丈夫!〟っていうご両親の愛情が伝わると思いますよ!

後日、そのお母さんが笑顔で報告に来てくれました。

「まゆみさんの言う通り、娘に〝あなたはかわいい!〟っていつもホメるようにしたんです。最初は〝冗談ばっかり言って〟と本気にしていなかったんですけど、どんどん自分に自信を持つようになったんです。

一重だからと隠すように下ろしていた前髪をアップにして、チアダンスの部活も積極的に楽しむようになりました。

それとね、まゆみさん。子どもをホメるようになったら、自然と自分のことも、ホメるようになれたんです。そうしたら、私自信が、自分のことをスキになれました。まゆみさん、本当にありがとうございます!!」

「ごめんね、お父さんとお母さんの子だから……」「悪かったね、もっとキレイな親から生まれていたら……」なんて、子どもにマイナスなことを口ぐせのように言っていると、子どもはどんどん自信を失ってしまいます。

それよりも、自信を持てるようなホメ言葉をかけてあげてほしいなって、心から思います。

もちろん、自分のことも同じです。「目が小さい」と自分にダメ出しをするのはもうやめて、**「この目の小ささが私のチャームポイントなのよ」**と自分のこともちゃんとホメてあげてくださいね。人はホメられる時間が長くなると、上気元になって自分のことが大スキになり、自信を持てるんですよ。

「自分とは関係ない」で嫉妬心を断ち切ろう

もしかしたら、嫉妬の気持ちから、「あの人より自分は劣るから、あの人のことをホメたくない」と思う人もいるかもしれません。

そんな嫉妬心が渦巻くときは、**「自分とは関係ない」**って自分に言いましょう。

一人さんは学生時代からめちゃくちゃモテていたんです。すると、同級生の男の子が一人さんにこう言ったそうです。

「斎藤、おまえばっかりモテるなよ。おまえばっかりモテるから、オレたちに彼女ができないだろう」

一人さんは、すかさずこう返したそうです。

「おまえに彼女ができないのはオレのせいじゃないぞ。おまえがモテないのはおまえの責任だぞ」

本当にそうですよね（笑）。一人さんがモテることと、同級生に彼女ができないことはまったく関係ありません。


たとえば、美人で仕事もできてめちゃくちゃモテる同僚の美子《よしこ》さんに、並子《なみこ》さんは嫉妬しています。

嫉妬の気持ちをそのまま出して、「美子さんなんてたいしてキレイじゃないわよ。モテたくていろいろ気が利くフリしているだけよ」なんて陰口を言っていたら、並子さんは自分の価値をどんどん下げていく一方です。


ところが、「自分とは関係ない」と嫉妬心を断ち切り、「美子さんってキレイだし、気も利くからモテるよね。私も大スキ！」と、並子さんが人のステキなところを素直に認めてホメる人になったとします。

すると、並子さんっていい人だなってグーンと株が上がりますよね!?　相手をホメることで自分の価値が下がるなんて、大間違いですよ。

心の中ではいくらメラメラと嫉妬していてもいいのです。嫉妬するということは、うらやましく思うようなステキな何かがその相手にあるということ。

逆に言えば、そんなふうに自分もなりたいなと思っているということですよね。それなら、うらやましいところを磨けばいいのです。

「目がキレイで印象的だな」と思ったら、アイメイクをマネしてみる。「気の利かせ方が上手だな」と思ったら、「どんなふうに気を利かせればいいのかな？」と観察してみる。

そして、**自分が嫉妬を抱くところは、素直にホメ言葉に変える**のです。「目がとってもキレイだね」「細やかなところにまで気が利いてステキね」とホメてホメてホメまくりましょう！

人を素直にホメるあなたは、まわりの人からの好感度も上がるけれど、それよりも、あなたの魂が、間違いなくレベルアップしますよ!!

「私ってエライね！ あなたってエライね！ み～んなエライね！」

人をホメられない人って、実は自分もホメられないんですよ。人をホメられない人はまず、この言葉を口ぐせにしてください。

「私ってエライね！　あなたってエライね！　み〜んなエライね！」

自分のことを認めてホメる。相手の人を認めてホメる。みんなを認めてホメる。みんなエライのだから、誰でもホメることができるんです。

一人さんは教えてくれます。

「**自分の人生に起きることは１００％自分の責任。**不幸を引き寄せているその責任も自分にあるんだ。その原因は、自分の価値を自分で下げてることなんだよ」

実は、「どうせ私なんて……」と自分を認めることができないから、自分で自分の価値を下げて、どんどん不幸になっているんです。それって、なんて悲しい生き方なんでしょう。

だから、もう、自分を責めるのはやめにしませんか？

そろそろ自分のことを認めてあげませんか？

「私ってエライね！　あなたってエライね！　み〜んなエライね！」と口ぐせになるまで、何度も何度も言ってください。自分のことを認めてホメられるようになったとき、ステキな奇跡が雪崩のごとくやってきますよ。

もっともっと自分のことをホメて、愛してあげてくださいね！

ホメられたら、「ありがとうございます」

ホメるには相手の**〝歯が全部抜け落ちるくらいホメてホメてホメまくる〟というコツ**があると前にご紹介しました。

それに加えて、ホメるコツがあるように、ホメられる側の人にもキホンとなるコツがあります。

よく、「ステキですね」とホメると、「いえいえ、そんなことないです」「私なんてとんでもない」と謙遜する方がいらっしゃいます。日本人特有の謙遜の美徳のつもりかもしれませんが、それはやめましょう。

なんと‼　ホメている言葉を否定して、受け取らないと、運勢が悪くなるんですよ！

だって、ステキな言葉を拒否したのですから、次はイヤな言葉が来てしまうのです。そんなの絶対にイヤですよね。

一人さんは私にホメられ名人になるワザについて教えてくれました。

「人からホメられたら、〝**ありがとうございます**〟って言うんだよ」

私は一人さんが教えてくれた通り、ホメてもらったときは「ありがとうございます」と笑顔で言うように心がけました。お陰でホメられる機会がどんどん増えていったのです。

すると、一人さんがさらなるホメられ名人になるワザを伝授してくれました。

「この前、まゆみちゃんに教えたのはホメられワザの初級編。次は中級編を教えるよ。ホメられたらこう言うんだ。

〝ありがとうございます。正直な方ですね～〟（笑）」

これを聞いて、めちゃくちゃ楽しい気持ちになりました。これならホメた相手も思わず笑ってしまいますよね。実は、もっと上の上級編もあるんです。

「いよいよ上級編を教えるよ。

〝まゆみさん、かわいいですね！〟とホメられたら最上級の笑顔で、

「〝ありがとうございます！　よく言われます！！！〟」

これを言うと、必ず笑ってもらえます。もちろん、この一人さんのホメられ名人の三段ワザにはちゃんと理由があるのです。

「ホメてくれた人の言葉をありがたく受けとめて、しかも笑えたら最高だよね。お互い楽しいのがいいよな」

さすがは一人さんですよね！

人はホメられるとしあわせな気持ちになります。ホメるほうも喜ばれるとうれしくなります。ホメたり、ホメられたりを楽しんでできる世の中って、天国のようにしあわせなところです。

いいですか、ホメられたら、「ありがとうございます！」ですよ！

いま自分がいるところをホメると強運に恵まれる！

私がまるかんの仕事で京都に来ることが決まったとき、みんなに「京都の人は保守的で気難しいっていうけど、大丈夫？」「京都の人って、言ってることとお腹の中で考えてることが違うらしいよ、気をつけて」などとよく言われました。

でも、それぜ〜〜〜んぶウソでしたよ（笑）。

実際に京都に住んでみると、本当にみなさん、親切にわからないことを教えてくれたり、やさしくしてくれたり、出会う人、出会う人、温かくてステキな人ばかりでした。

いまでは、京都が日本一と思うくらいと〜っても大スキな場所で、毎日が楽しくってとってもしあわせです。お陰さまで京都府の長者番付に載ることができたほど商売も大繁盛しています。

こうなれたのは、一人さんのこの言葉があったお陰です。

「まゆみちゃん。日本中どこでもいい人もいれば、悪い人もいる。でも、まゆみちゃんが笑顔で天国言葉を使って上気元でいれば、どこにいても大丈夫。必ずうまくいくに決まっているよ」

その通り、本当に私は、大丈夫なんです!!

よく自分の住んでいる場所をけなす人がいます。それでは間違いなく運気はよくなりません。

「ここは田舎だから、みんな若い子は都会に出ていっちゃうのよ」

「この辺は田んぼばっかりで遊ぶところが何もないのよ」

「雪ばっかり多くって、もうイヤになっちゃう」

そんな悪口や不平不満を、その土地を守っている神さまはちゃんと聞いています。そんなことを聞いたら、きっと悲しくなっちゃって、土地の神さまだって、グレちゃうかもしれませんよ（笑）。

「ここはのんびりしていて、緑豊かでいいところ」
「このあたりで採れる食べ物は、本当に美味しいな」
「雪景色はまるで絵に描いたように最高に美しい」

そんなふうにホメていると、土地を守る神さまはきっと感激して大喜びしてくれます。

もし、あなたがその土地の神さまだとしたら、どちらの味方をしたくなりますか？もちろん、ホメてくれる人ですよね！

田舎には田舎のいいところ、都会には都会のいいところが必ずあります。**その土地をホメると、神さまも、うれしくなっちゃって、はりきっちゃいます**（笑）。そうすると、**神さまの応援がいっぱい来る**ので、**強運に恵まれる**のです。

土地だけではなく、家庭や地域、学校、職場などでも同じです。あなたがいまいるところの悪口や不平不満を言っていたら、その場所で成功することはできないでしょう。

日本には八百万《やおよろず》の神さまがいらっしゃいます。

八百万とは、どこにでも神さまがいらっしゃるということです。つまり、どこにいても神さまからパワーをいただけるということ。たくさんのパワーをいただいて運気をジャンジャンバリバリ上げていきましょう。

だから、あなたのいまいる場所のいいところを見つけて、たくさんホメてくださいね。

第6章まとめ

◎世の中で最も必要とされているのは、ホメる人。需要があるなら、歯が全部抜け落ちるくらいホメてみる

◎ホメることを嫉妬心が邪魔したら、「自分とは関係ない」と断ち切ろう

◎「ありがとうございます！　よく言われます！！！」ホメられたら、感謝ついでに笑いも届ける

◎自分のキゲンに環境は関係ない。いま、自分がいるところをホメるようにする

第7章

お金がジャンジャン貯まる「宇宙貯金」の口ぐせ

金利がとんでもなくつく宇宙貯金とは⁉

ここまで読んで第1章から第6章までの口ぐせを身につけた人には、すでにお金の流れができているはずです。なぜなら、第1章でお話しした徳を積んで獲得した〝**お陰さまポイント**〟**がジャンジャン貯まっているからです。**

天国言葉を話すこと、感謝すること、人のしあわせを願うこと、自己重要感を満たすこと、あなたが上気元でいること、人をホメること、ぜ〜んぶが徳を積んでいることなのです。

これを一人さん流に言うと、『**宇宙貯金**』と言います。

銀行や郵便貯金のように目には見えないけれど、この宇宙には存在します。**しかも、宇宙貯金の金利はとんでもなくつく**のです。

だから、よい口ぐせを心がけて、お陰さまポイントがたくさん貯まってくると、奇跡のようないいことがどんどん起きるだけじゃなくって、同時に**お金**もあなたのところにどんどん、どんどん流れてくるんですよ。すごくステキですよね!!

ただし、気をつけなければいけないのは、悪い口ぐせを使っている人です。

ちょっとくらい、悪い口ぐせを言ってもイイと思っていませんか？

ひとつくらいなら、悪い口グセも、たいしたことないと思っていませんか？

とんでもない!!　たったひとつ悪い口ぐせを言うだけで、マイナス100万ポイントです（笑）。

宇宙貯金は、とにかく金利のつき方が、ハンパないんです（笑）。

私たち人間界の常識を超える、すごい金利のつき方をします。

なので、いいことの徳を積んだ貯金は、とんでもない奇跡を起こしてくれます。

その逆に、ひとつの悪い口ぐせにさえ、とんでもない金利がつくんです（笑）。

だから、たったひとつの悪い口ぐせだけで、マイナス100万ポイントにもなっちゃうんです（笑）。そうすると、悪いことが起こる上に、お金もあっという間に逃げていってしまうんです。

神さまは、よいことにも悪いことにも、とんでもなく気前のいい方ですから(笑)。あなたは、いい口ぐせを言って、宇宙貯金の金利をバンバン増やしてくださいね。

「なぜ私にはお金が貯まらないんだろう？」「なぜ同じモノを売っているのに、私は儲からないんだろう？」「なぜあそこのお店は繁盛しているのに、うちはお客さんが来ないんだろう？」「なぜ私は出世できないんだろう？」なんていう人は、もう一度第6章までを読み返してみてください。

宇宙貯金をいっぱい貯めている人に、悪いことは起きません。起きるのは信じられないようなよいことばかり。

お金もジャンジャン貯まっていきます。

あなたが貯めた宇宙貯金は、神さまの決めてくださったベストなタイミングで、想像もしなかったカタチで、何倍にもなってあなたのもとに返ってきますよ。

お金にモテモテになっちゃう口ぐせ

お金をジャンジャン引き寄せることは、実は〝人にモテる〟ことと似ています。私の著書『斎藤一人　モテモテ道』（ＰＨＰ研究所）を読んだ方で、もしかしたらご存じの方もいらっしゃるかと思いますが、一人さんが教えてくれた秘伝の〝モテる秘訣３カ条〟があります。

1番目、やさしい。2番目、強い。3番目、手が早い。

まず1番目のやさしいですが、お金にも人と同じように心があります。

だから、**まずは、お金にやさしくしてあげてください。**

「お金大スキ！」と言いながら、バッグや洋服、メイク道具などをどんどん買ってしまって、お金がぜんぜんないという人がいます。そういう人は、お金よりもモノがスキなんです。

お金に好かれたかったら、**「私のところでゆっくり休んでね」**と

お金にやさしく言ってあげましょう。お金だって、コキ使う人よりも、やさしくしてくれる人がスキなんです。

そして、使うときにも、「元気でいってらっしゃい！　また、私のところに戻っておいでね」とお金にやさしく言ってあげてくださいね！

人間だって、やさしい人が大スキです。**やさしい人のところへは、居心地がいいから、集まってくる**んですよ。

そして、**2番目の強い**ですが、これがとっても大切です！

お金は、仕事をガンバって出世したり、遺産が入ってきたり、宝くじが当たったり、商売が繁盛したら、どんどん入ってきます。

ただ、一番大切なのは、その**入ってきたお金を、ちゃんと持ち続けること**です。

たくさん稼いでいるのに、貯金がゼロ、逆にマイナスになるまで使っているのは、それは、お金に対して、とても弱い人です。

お金に強い人というのは、**〝お金を持ち続けられる人〟**です。

お金に対して、ちゃんと強くいられることです。

それには、まずは、**収入の１割を貯める**ようにしましょう。

お給料が20万円なら、毎月２万円貯金する。すると、単純計算すると１年で24万円、10年で２４０万円貯まると思いますよね。

ところが不思議なことに、**お金にはお金を呼び集める性質があるので、実際にはもっと貯まる**のです。反対に、お金がない人からお金はどんどん逃げていくという性質もあるんです。

それは、お金自体が、〝お金に対して強い人〟がスキだからです。

人間もただやさしいだけの人よりも、やさしいけれど芯も強い人のほうが、誰もがスキだし、信頼できるのと一緒ですね。

３番目の手が早いですが、あなたが誰かをスキになったら、どうしますか？

そうです。まず、告白しないと何も始まりません。

そして、ちょっと見つめたり、気のある態度をとらないと、気づいてもらえません。それと同じです。

だから、本当はお金が大スキなのに、「お金なんて興味ないわ」「お金なんていらないわ」「人生金じゃない」なんて、そっけない態度をとったり、お金の悪口を言ったり、ましてや冷たくなんてしたら、ゼ〜ッタイにダメですよ。

お金に対して、やさしく素直に、「お金大スキ！」と言ってくださいね。

ただ、あまりにも「お金大スキ」と言うと露骨すぎて照れちゃうな〜という方は、ぜひ、こう言ってください。

「仕事大スキ！」「人が大スキ！」

なぜかと言うと、仕事をしなければお金は入ってきませんし、一人でできる仕事なんてありません。たとえインターネット販売をするとしても、買ってくれるのは人ですからね！

「仕事大スキ！」と「人が大スキ！」は、イコール「お金大スキ！」ということです。

この３つのことを実践してみると、不思議なほど人からもお金からもモテモテになりますよ。まだ『斎藤一人　モテモテ道』を読んでいない方は、ぜひぜひ一度、読んでみてくださいね。

人にモテることはお金から好かれることと驚くほど似ているんですよ！

「お金を払えるだけでしあわせ！」

仲間たちが集まると、テレビ番組をマネて料理の値段を当てる「ゴチバトル」をやって盛り上がることがあります。負けると、全部自分が支払わなければいけないので白熱します。

いつもニコニコ笑顔を絶やさないお弟子さん仲間の社長のノブちゃん（宇野信行社長）が、負けて支払いをすることになったときの名セリフがあります。

「お金を払えるだけでしあわせです」

みんな、このセリフに大爆笑してしまいました。

でもね、**本当にお金を払えるってしあわせなこと**だなって思います。だって、支払うお金がなかったら無銭飲食になって捕まってしまうんですよ。お金がなかったら、住むところも借りられないから野宿をしなければいけないんです。洋服も買えないから、真っ裸で生きなければいけないんです（笑）。

お金は命と同じくらい大事だなって私は思うのです。だって、一番私のことを助けてくれているんですから！

だから、お金を支払うときは、「お金さん、ありがとう。また戻っておいでね」と言って、まるで父親が娘をお嫁に出すような心情で送り出します（笑）。お財布の中にいるときは、「お金さん、ずっとここにいていいんだよ」と、優しくおもてなしをしましょう。

私には心の底から愛している男性が2人います。まず一番目は、斎藤一人さんです。そして、2番目に愛しているのは、**福沢諭吉先生**です（笑）。

それくらいお金を愛しています！（笑）

「払えるだけでしあわせです」

お金さん、ありがとう!!　心から愛しています！　心から感謝しています!!

「お金がない」は禁句です！

私は子どものころ、東京の下町の団地に住み、父親はビジネスマン、母親はパートをしていました。妹がいる4人家族で、どちらかというと、お金持ちとはかけ離れた家庭でした。

「うちは、お金がないから」

当時、母親のこの口ぐせを聞くと、「前世で何かあったんじゃないかな?」と思うくらい、さびしさと悲しさとむなしさを感じて、さらにそれを通り越して、怒りまで感じてしまうくらい、大キライな言葉でした。

それくらい「お金がない」は大・大・大キライな言葉なのです。

だって、「お金がない」と現状を嘆いたところで、よくなることはひとつもありませんよね。しかもあんまり「お金がない」「お金がない」と言ってると、「かわいそうな人だな」「誘いづらい人だな」と、そんなマイナスなイメージを持たれるだけです。自分にとって、ひとつも得はありません。

もし、私が彼氏を「デートしよう」と誘って、「お金がない」なんて言われようものなら、即刻別れます（笑）。だって、お金がなくても、手をつないで公園を散歩することだってできますよね。

結局、**「お金がない」というのはやる気のなさがみなぎっている**のです。「お金がない」と言うことは、「私って、魅力がないの」と言ってることと同じだと、私はそう思います。

魅力のある人だったら、お金のあるなしじゃなくって、一緒にいるだけでしあわせだし、とっても楽しいです。

「お金がない」という悪い口ぐせで、本当にお金がない状態になるのも怖いですけれど、「魅力までない人」になってしまわないようにしましょう。

「お金がない」という悪い口ぐせは封印して、**「いま、できる楽しいことは何かな？」ということを考えてみましょうね。**

お金を持ち続けるには、「ここで一番になろう！」

「お金持ちになりたいんですけど、手っ取り早くお金持ちになれる方法はありますか？」

これはよくある質問です。そんなとき、私はこう答えます。

「手っ取り早くお金持ちになれる方法はあると思います。

ただ、本当に大切なのは、手っ取り早くお金を稼ぐことよりも、お金を稼ぎ続けることと、**お金を持ち続けること**ですよ」

宝くじに当たっていきなりお金持ちになったのに、あっという間にお金を使ってしまい、貧乏になって、お金に困るようになる人が多いという話を、けっこう耳にしますよね⁉

実は、それは、それだけのお金を持つための器量がまだ自分には備わっていないのに、大金を手にしてしまったからなんです。

小さなオチョコに一升ビンからお酒は注げないですよね⁉　あふれてこぼれて、あっという間になくなって、オチョコに入る分だけしかお酒は残りません。

お金もそれと一緒なんです。

自分の器量が小さいと、お金を持ち続けることができないんです。

「高層マンションの最上階に住みたいんだ。お金ならいくらでもあるから、1階から29階まではいらないから、最上階の30階にだけ豪華な部屋をつくってくれ」と言っているのと同じです。そんなマンションは危なくてしかたがないですよね。1階、2階と積み上げてこそ、30階の最上階ができるのです。

お金持ちになることも一緒です。1階、2階と積み上げていくんです。

あなたがいま専業主婦なら、パートからでも、アルバイトからでも、何でもいいから、まずは働き始める。

そして、収入の1割を貯め始めるのです。月のパート代が3万円なら、1割の3000円を貯めていく。

すると、どんどん貯まっていきますよね。それは、お金持ちへの階段をひとつひとつのぼっていることと同じなんです。**どんどんのぼっていって、あるとき、ふと振り返ってみると「わぁ～、こんなにお金持ちになっていた」というのが、本当のお金持**

ちへの道なのです。

さらに、そうやって毎月、毎月、収入の1割をキチンキチンと貯めていくと、お金の大切さがしみじみわかるのと、お金が増えていくうれしさや喜びを知ることができるのです。

また、お金が自分に安心とやすらぎと自信を与えてくれることを身にしみて感じられます。自分が貯めていくお金には、それだけのすごいパワーがあります。

それには、まず、いま自分がいる場所、**「ここで一番になろう！」**と自分に宣言することです。ひとつひとつ階段をのぼっていくんです。

パートなら、パートの中でまず一番いいパートになれるよう、笑顔でガンバる。そうやってガンバっていると、自分の技術や評判がグングン上がっていきます。

主婦だったら、「このあたりで一番の主婦になろう！」。そう思ってガンバると、家族がうんと元気になるから、だんなさんが出世したり、子どもがイキイキとしあわせになります。

いま、ビジネスマンの平社員なら、平社員の中でまず一番になるようガンバる。そうやってガンバっていると、係長、課長、部長と出世することができるのです。

自分でガンバってのぼった階段は、自分が確実に体験してのぼってきたひとつひとつの階段です。

だから、絶対に裏切らないんです。というか、足をすくわれるような出来事が絶対に起きないんです。手っ取り早く手にしたお金とは、まったく違う、あなたの実力の"証《あかし》"なんです。

そんなあなたは、二度と不幸な目に遭ったり貧しい思いをすることは、ありません。ずっと、本物のお金持ちであり続けられるのです。

私はしあわせとお金が似合う人！

実は、お金持ちになることを自ら拒絶している人が多いことをご存じですか？

あるテレビ番組でおもしろい実験をしていました。見ず知らずの人から道ばたでお金を渡されたら、受け取るか、受け取らないかという実験です。

結果は、不思議なことにお金持ちの人はすぐに受け取り、そうではない人はもらわずに断ってしまったそうです。

なぜだと思いますか？

お金持ちの人にとっては、お金が自分に入ってくることに何の抵抗もない。ごく当たり前のことなのです。

一方、お金に困っている人は、「お金は苦労しないと手に入らない」「お金は大変な思いをして手に入れるもの」と思っているので、カンタンに手に入れることに罪悪感を持ってしまうのです。だから、見ず知らずの人から突然お金を渡されても、受け取ることができないのです。

そんな根拠のない罪悪感で、お金が入ってくる道を自ら閉ざしてしまうなんて、もったいないですよね！

根拠のない罪悪感というのは、親や親戚、学校の先生、友だち、あるいはテレビや新聞や雑誌などのいろんなメディアから、知らないうちに刷り込まれたものなのかもしれません。

でもね、知ってますか？

あなたも私も、人間はみんな、しあわせで豊かになるために生まれてきました。

だから、しあわせで豊かにならないといけないんです。

誰かから刷り込まれた罪悪感で、お金やしあわせを遠ざけないでほしいなって思います。もちろん、怪しい詐欺のような儲け話には要注意ですよ。

自らを縛りつけている罪悪感を解くには、

「私はしあわせとお金が似合う人！」

と何度も言ってください。口ぐせになったとき、あなたはしあわせで豊かなお金持ちになっていますよ。

お金を稼ぐ人はどんな素晴らしいことをしているんだろう？

お金に困っている人の中には、「お金を稼ぐ人は悪いことをしている」と言う人がいます。実際に、悪いことをしてお金を稼いでいる人を見たことがあるのでしょうか？

たいていは、テレビや映画、小説などの悪役イメージのような偏見だと思います。本当はお金は人から好かれなければ、絶対に手に入れることができません。なぜなら、お金は自分で歩くことができないから。人が運んでくるからです。

あなたの住んでいる近くの商店街に八百屋さんが2軒あるとします。

1軒は、いつも不キゲンで感じが悪くって、しかも、相手によってコロコロ態度を変えます。さらに、あまり鮮度のよくない商品を平気で高い値段で売っている八百屋さん。そんなお店で買いたいと思いますか?

そして、もう1軒は、笑顔でニコニコと、誰にでも感じがよくて、よい商品をそれに見合った値段で提供してくれる八百屋さん。私なら、絶対にこっちのお店で買いたいです。こういうお店なら、地域の人から愛されて、人気の繁盛店になるのは、当然です。

この八百屋さんのように、ずっと儲け続けているのには、正当な理由があるんです。

だから、「お金を稼いでいる人は悪いことをしている」という偏見は捨てて、「お金を稼いでいる人は、どんな素晴らしいことをしているんだろう？」と考えてみてください。

お金持ちの人はどんな言葉を話しているのかな？　どんなアイデアを持っているのかな？　どんな人と付き合っているのかな？　どんなステキな行動をするんだろう？

そうやってお金持ちの人のいいところを探し出せたとき、あなたもお金持ちの仲間入りをすることができるんですよ。

夫がバリバリ出世する口ぐせ

たま～～～に、お昼のカフェで、女性同士の会話で、**「夫の稼ぎが悪くってイヤに**

なっちゃう……」な～んて、まるでテレビドラマのような、耳をふさぎたくなるようなグチが聞こえてくることがあります（笑）。

本当にそうなのかもしれませんが、その口ぐせはちょっぴり〝感謝〟が足りないいんじゃないかな～!?　って思っちゃいます。

だって、きっとあなたのだんなさんは、いま一生懸命、お仕事して働いてますよ！

あなたは、カフェでお茶してるけど！（笑）

あなたが満足する稼ぎではないのかもしれませんが、いま生活できているということと、カフェでお茶を飲んでおしゃべりできるということは、感謝すべきことですよね。

「夫の稼ぎが悪いから」なんていう、グチや不平不満はさらにグチを言わなければいけないことが起こるだけです。こんなふうに、だんなさんをどんどん盛り下げるようなことばかりする女性を、〝さげまん〟と言います（笑）。

それよりも、

「こうして生活できるのはダンナさんのお陰」

「このご時世、ガンバって働いてくれるお父さんに感謝だよね」

と、感謝の口ぐせに変えてみてください。

そうやって感謝してくれる奥さんのために、だんなさんはもっともっとガンバって働いちゃうんです。それが、また、どんどんイイ目に出て、だんなさんがどんどん出世するのです。こういう人を〝あげまん〟と言います。

あなたは、〝さげまん〟ですか？　〝あげまん〟ですか？

だんなさんに不満を感じたときは、あなたの口ぐせをもう一度見直してみてくださいね。

もし年金がもらえたら、何に使おう？

「将来、年金がもらえなかったらどうしよう」

いま保険料を支払っている人たちからは、少子高齢化が進んで将来、年金がもらえないかもしれないという不安から、こんなつぶやきをよく聞きます。

でも、世の中の流れのことは考えてもしかたがないですよね。あなたがどんなに心配しても、もらえないときは、もらえないのです。

一人さんは言います。

「世の中にはいろんな苦労があるけど、

『取り越し苦労』『持ち越し苦労』、それから**『持ち出し苦労』**というのがあるんだよ。もし、〝自分は運がないな〟って思うなら、この３つのうちのどれかをやっているんだよ」

取り越し苦労とは、まだ来てもいない未来のことを心配してアレコレ苦労していることです。何年後かには地球は滅亡するとか、年金がもらえなくなるかもしれないというのもこれです。

持ち越し苦労とは、もう済んでしまったことをいつまでも、ああすればよかった、こうすればよかったと後悔して苦労を持ち越していることです。

持ち出し苦労とは、たとえば「あなたなら大丈夫、安心したらいいよ」と言うと、「でもね、私の家族がこんなことで大変で」とか、「私の友だちにこんなことで困っている人がいるんです」とかって、不幸な人の例を持ち出してきて「大変だ。自分もいずれそうなるから心配だ」みたいに言うのです。

いろんなところから心配なことを探してきて、苦労をしている。

はっきり言って、**苦労探しの名人**です（笑）。でも、それっておかしくないですか？　って言うか、必要ないですよね⁉

ワザワザ苦労するのは、もうやめにしませんか？

言っているあなたも不幸になるだけ、聞いている人も暗い気持ちになるだけです。

取り越し苦労、持ち越し苦労、持ち出し苦労をしたって、いいことなんてひとつもありません。

ズバリ‼　運勢が悪くなるだけです（笑）。

「私たちはしあわせになるためにこの世の中に生まれてきた」ということを、もう一度思い出してください。

「将来、年金がもらえなかったらどうしよう」と取り越し苦労をするのはもうやめて、どうせならこう言ってください。

「もし年金がもらえたら、何に使おうかな～♪♪」

そう、楽しい気持ちで明るく言ってみてくださいね。

「貧乏ヒマなし」は、働き方が間違っている！

「もう忙しくって、忙しくって、貧乏ヒマなしだよ」なんて、ちょっと得意気に言う人がいます。

でもね、**〝忙しいのに貧乏〟なのは、やり方が間違っているということ**ですよ（笑）。

アメリカの起業家で大富豪のビル・ゲイツが、「もう忙しくって、忙しくって」と言うなら、まだ納得できます（笑）。だって、普通は忙しくって寝るヒマもないくらい働いているなら、ジャンジャン儲かっているはずなのです。

「貧乏ヒマなし」なんて地獄言葉を得意気につぶやいているから、さらなる不幸を招いてしまうんです。**儲からない上に忙しいのは、〝仕事のやり方をもう一度見直したほうがいいですよ〟という、神さまからのお知らせ**だと思ってください。

最近、お陰さまで講演のご依頼をいただく機会が増え、私は日本中を飛び回っています。仲良しのはなちゃん（舛岡はなゑ社長）もたくさん講演会をしているので、なかなか会うことができません。先日、久しぶりにはなちゃんと食事をしたとき、一緒にいた人がこう言いました。

「2人とも忙しくって、大変ね」

はなちゃんと私は、すかさずこう答えました。

「と～んでもない！　**私たち、〝売れっ子〟なんですよ♪**　だから、大変じゃなくって、ほ～んと楽しくって、ありがたいんですよ!!」

すると、みんな「すごくカッコイイね！　〝売れっ子〟ってステキ！　ガンバってね!!」と笑顔になって、応援までしてくれました。

言葉って本当に不思議です。言い方ひとつで、相手を暗くすることもできる。反対に、相手を明るくすることもできるのです。

仕事で忙しいのは、と〜ってもしあわせなことですよね。そして、感謝すべきことです。

それに、本当はみんな忙しいんです。だけど、「忙しい」と口にしないでサラッとこなしているから、ステキなんです。カッコイイんです！

自分だけが、世界中の〝忙しい〟を引き受けているような、不幸な口ぐせを選んでは絶対にダメですよ。

“重続は力なり！”楽しみながら、改良しよう！

「スキな仕事ができるなら、お金なんていらない」と口ぐせのように言って、自ら苦労を買って出ている人がいます。

でも、この発想は逆なんですよ。スキな仕事を続けるためには、儲けなきゃダメなんです。儲からなければ、続けることはできません。

だから、

「スキな仕事をやるからには、ガッチリ稼ごう！」と言ってください。

稼げないということは、才能がないということなんです。「芽が出るまではお金はいらない」と思うのかもしれませんが、うまくいかないことは「どうしたらうまくいくかな？」「どうしたら儲かるかな？」ということを一生懸命に考える。そして、やり方を変えなければいけないのです。世の中、なんにも変えないで一発当ててやろうなんて、そんなに甘くはないですよ。

たとえば、あなたが人形作家だとします。同じ作品を１００体一生懸命にず〜っと作り続けているのに、ひとつも売れない。つまり、同じことをダラダラと続けていてはダメなんです。

「世の中ではどんなことが流行《はや》っているのかな？」とアンテナを張ってみる。さらにそれを売るために、ＳＮＳで発信してみるとか。また、在庫ばっかり増やさないように、注文を受けてから作ろうとか、パッチリしたアイメイクが流行っているから人形の目を大きく描こうとか、何でもいいから、どんどん知恵を出さなきゃダメなんです。

一人さんが仕事をする上でとっても大切なことを教えてくれました。

「よく、〝継続は力なり〟って言うだろ？

でも、オレからすると、**〝重続は力なり〟**なの。これはオレだけの言葉なんだけど、すごい力になる。

ただ、継続してもダメなんだよ。

同じことを単純に、ただ繰り返しているだけじゃダメなんだよ。

どうするかって言うと、改良しながら、続けていくんだ。

〝重続〟って、いろんな経験を重ねながら、改良を続けることなんだよ。

〝重続〟していくと、確実に自分の実力が上がるんだ。能率は上がるし、技術も上がるし、よい結果を生み出し、仕事のやり方や、いろんな問題の解決のしかたまで、とにかく何でも、人生のすべてがどんどんレベルアップされていくんだ」

私はこの話を聞いて、とても感動しました。

それと同時に、**〝同じことを継続することが、かえって成長を妨げてしまう〟ということに気がつきました。**

たとえば、ビジネスマンなら、「部長に企画をダメ出しされたんです。どうせ僕はダメだから」とあきらめる前にもう一度考えてみてください。

何度も同じ方法で部長にアプローチしていませんでしたか？

部長のことをよ〜く観察して、「どうしたら企画が通るかな？」と考えて、手を替え品を替え改良しながらアプローチしてみてください。

恋愛だって同じです。一人さんが笑い話でこう言いました。

「昔、『101回目のプロポーズ』という大ヒットしたテレビドラマがあったんだよ。でも、あれって、普通なら、キライな人から101回もプロポーズされたらストーカーと同じだぞ（笑）。あれはドラマだからいいけど、実際は、ただ『スキです』って、同じことを言い続けてたら、ダメだよな」

本当にその通りです（笑）。

101回まで行く前に、改良を重ねて、せめて10回くらいにしたいですね！（笑）

そうすれば、プロポーズを受け入れてもらえる確率もグッと上がると思いますよ（笑）。

重続は単なる継続よりも大変です。でも、やれば効果は絶大です！　失敗もよい経験として、楽しみながら改良に改良を重ねていきましょう。そのためにも「スキな仕事をやるからには、ガッチリ稼ごう！」を口ぐせにしてくださいね。

この言葉が口ぐせになったとき、あなたは信じられないほどのしあわせなお金持ちになっていますよ。

第７章まとめ

◎よい口ぐせを心がけて、徳を積み、金利の高い「宇宙貯金」をいっぱい貯めよう

◎お金にモテるには、
1、やさしい　2、強い　3、手が早い
この３つが大事

◎「お金を払えるだけでしあわせです」
命と同じくらい大事なものだから、お金にも感謝をしよう

◎ただ単純に繰り返すだけの継続よりも経験から改良を続ける〝重続〟を心がける

おわりに

人間は生まれてきたとき、
だれもがハダカで生まれてきました。
わかりますか？
ハダカで生まれてきたということは、
そのハダカのままで、
あなたがしあわせになるすべてのモノが、
あなたに備わっているんです。

ステキなものを見る目。
ステキなものを聞く耳。

ステキな香りを感じる鼻。
ステキな風を感じる肌。
ステキなものを作り出す手。大好きな人とつなぐ手。
ステキな人生を歩む足。大好きな人とともに歩む足。
ステキなことをたくさん体験できるカラダ。
そして、人間だけが神さまからいただいた、
ステキなことを話せる〝口〟!!
あなたはしあわせになるすべてを、
すでに全部！　もう持っているんです!!

私はしあわせになる
すべてを
持って生まれて
きたんだ!!

あなたという素晴らしい個性を輝かせて、
最高の人生を生きてください。
あなたは、それだけの素晴らしい価値のある
選ばれた存在です!!

この本との出愛（出会い）が、あなたにたくさんの
お金と強運を引き寄せることを心から信じています。
あなたにすべてのよきことが雪崩のごとく起きます。

心から愛と感謝と笑顔を込めて

宮本真由美

ここでさよならじゃないですよ！！
次はこちらでお会いしましょう♪♪♪

月々たったの
1,280円！

宮本真由美の
人生がぜ〜んぶ思い通りになる！
オンライン ミラクル レッスン

普通の保険会社のＯＬが、億万長者の実業家に !!

人生を一変させた師匠・斎藤一人氏直伝の“人生を思い通りにするすごい教え”を、
月々、本１冊分のご負担で、全国どこからでも、パソコンやスマホでご覧いただけます！

あなたが受け取れるサービス（一部）

●毎月会員様限定ページに、約30分の撮り下ろし動画を配信します！

会員様限定のメンバーズページに、毎月２つの動画を、
平均約30分（約15分×２）のボリュームで配信します。

●宮本真由美に質問ができる！「真由美さん教えて！ Q＆Aコーナー」

会員様限定で宮本真由美に質問することができます。
ご質問への回答は、基本的に音声で、メンバーズページ上で回答させていただきます。
お申し込みはこちらから！

http://agentpub.jp/phpmiyamoto/

宮本真由美公式ブログ
「斎藤一人・宮本真由美　芸能人より目立つ！！
３６５日モテモテ♡コーディネート♪」
https://ameblo.jp/mm4900/

宮本真由美 OfficialLINE
https://line.me/R/ti/p/%40vdx1799c

宮本真由美 Twitter
https://twitter.com/kdsmayu?s=17

宮本真由美 Instagram
https://www.instagram.com/kdsmayu/

斎藤一人生成発展塾　宮本真由美スクール

生成発展塾の塾生さんを募集することになりました。
通信授業ですから、日本中どこからでも受けられます。

週に１度問題が配信され、それに対して仲間の答えが聞けたり、
自分も考えたり、週の終わりには
わたしや斎藤一人さんの答えが聞けます。
お子さんから大人まで、みんなで楽しみながら
知恵と魂を向上させていけるという塾です。
楽しい脳トレで、あなたが変わります！！
《通信授業　月謝　10,800円（税込み）》

ご質問・ご相談・お問合せは
銀座まるかん　オフィスまゆみ　☎075-353-9400
ホームページ　http://www.lovelymayumi.info/

〈著者略歴〉
宮本真由美（みやもと　まゆみ）
東京都江戸川区生まれ。斎藤一人氏の10人の弟子の一人。外資系の生命保険会社に勤めているときに、伝説の喫茶店「十夢想家《とむそうや》」で斎藤一人氏と出会う。現在に至るまで、斎藤一人氏の生き方や考え方から、商売・会社経営に至るまで様々な教えを受け、事業家として成功。現在、セミナー、講演などでも活躍中。著書に『斎藤一人「強運」になれる7つの法則』『斎藤一人　世界一幸せになれる7つの魔法』『斎藤一人　すべてがうまくいくコツ49』『斎藤一人　モテモテ道』『斎藤一人　そのままの自分でいいんだよ』『斎藤一人　大富豪が教える　大金持ちになる話し方』（以上、ＰＨＰ研究所）などがある。

【ホームページ】http://www.lovelymayumi.info/
【宮本真由美　公式ブログ】https://ameblo.jp/mm4900/

斎藤一人　お金と強運を引き寄せる最強の口ぐせ

2017年12月27日　第１版第１刷発行

著　者　宮本真由美
発行者　後藤淳一
発行所　株式会社ＰＨＰ研究所

京都本部　〒601-8411　京都市南区西九条北ノ内町11
第三制作部人生教養課　☎075-681-5514（編集）
東京本部　〒135-8137　江東区豊洲5-6-52
普及部　☎03-3520-9630（販売）

PHP INTERFACE　https://www.php.co.jp/

制作協力
組　版　株式会社PHPエディターズ・グループ
印刷所
製本所　図書印刷株式会社

ISBN978-4-569-83878-6